親が語る、「発達の遅れ」が気になる子どもの教え方❶

特定非営利活動法人 教育を軸に子どもの成長を考えるフォーラム　編
Japanese Association for Education-centered Childhood Development

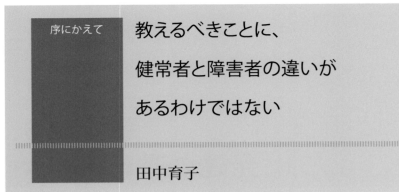

序にかえて

教えるべきことに、健常者と障害者の違いがあるわけではない

田中育子

　私の息子は、重い障害を抱えています。言葉がまったく出ず、幼児期には、こだわりがひどく、大泣き、奇声、多動、自傷行為や他害行為などがあり、3歳6か月の時に「知的遅れを伴う広汎性発達障害」と診断されました。診断直後の私は、地獄のどん底に落とされたかのようで、息子と一緒に泣いてばかりでした。やがて「教えるべきことに、健常者と障害者の違いがあるわけではない」という、基本的な支援のあり方に触れ、アドバイスを受けながら「口を閉じる」「目を見る」「手は膝の上に」と言葉で教えていくと、息子は少しずつ指示に応じられるようになり、激しく泣くこともなくなりました。

　一般のお子さんと比べると、ささやかな歩みかもしれませんが、「見る、聞く」の姿勢が整い、文字を読んだり書いたり、学習できることが増えると、ようやく家族で買い物や旅行を楽しめるようにもなりました。私も子育ての手応えを感じました。
　いまでも言葉の遅れは顕著ですが、「おはようございます」「ありがとう」の挨拶などはタイミングをしっかり守り、初めての人ともコミュニケーションをとることができます。また、指示に応じて自分の行動を改めることができます。これらのことは幼児期からの学習の成果だと私は思っています。
　特別支援学校では「短時間でもいいので、机に向かい椅子に座って学習させてもらえないでしょうか」と、私は学校側へ伝えた経験があります。学習の成果と息子の成長をそばで実感し、「支援の仕方ひとつで息子の姿勢は変わる」と確信していたからです。

現在、息子は、私の運営する事業所ではなく別の生活介護事業所に通っています。それは、「支援をいただきながら、多くのことを他人様から学んでもらいたい」との私たち夫婦の思いがあるからです。

　私の運営する生活介護事業所には、知的障害、視覚障害、聴覚障害の方々が通っています。支援中は、特に日常生活上のルールについて厳しく見ています。たとえば、座るべき時に立たない、歩かないなど、改めなければならない言動については、やり直しを求め、皆と生きていくルールを教えています。スタッフには、「時間はかかるけれども、私たちの努力は、着実に、確実に結果が出る」と、私の経験を通してつかんだ信念を伝えています。

　私たちスタッフが責任と自信をもって向き合った結果、重複障害をもつ方は、自らスプーンを持って食べるようになり、靴を自分で履き、シャツを嚙みちぎる癖もなくなりました。また、常に小さな独り言を発し、鼻歌を歌っている重度の自閉症の方は、「口を閉じます」「静かにします」と促すと、静かに指示を聞けるまでになりました。「教えるのは難しい」「教えても無駄だ」というのは、関係者の誤解・偏見ではないかと思います。

　「教えるべきことに、健常者と障害者の違いがあるわけではない」という視点は、「みんなと生きていくルールを教えること」だと思っています。私の息子のような重い障害をもった子どもでも、学習や練習によって大きく変わります。

　もし、言葉がわかり少しでも話せるのなら、言葉をコミュニケーションの手段として正しく使えるよう勇気をもって取り組んでほしいと思います。教え方次第で子どもは力を伸ばし、見違えるほど頼もしく変わりうるからです。子どもの「学ぶ力」を信じ、学習を通してさまざまな力をつけていかれるよう願っています。親の努力は必ず家族の幸せにつながると確信します。

たなか　いくこ
NPO法人ともくん家代表理事 / 生活介護事業所「もんきいぽっど」運営
2020年9月に開催された第20回セミナーで講師を務め、子育てをきっかけに夫婦でNPO法人を設立した経緯についても話していただきました

本書で紹介する保護者と指導者による対談は、当特定非営利活動
法人主催「発達障害」セミナーで報告された体験と解説の内容・
雰囲気を尊重し、そのうえで講師の方々の同意のもと、対談特有
の重複部分や冗長な表現、言葉の脱落や曖昧な表現などを改め、
読みやすい形に整理・編集したものです。
　なお、この本ではプライバシー保護の観点から仮名にしました。年
齢や学齢はセミナー開催時のものです。また「成長のチャート」の
最新情報は、特に表記のある場合を除いて 2020 年 12 月時点の
ものとなっています。

成長のフローチャート／仁科くん

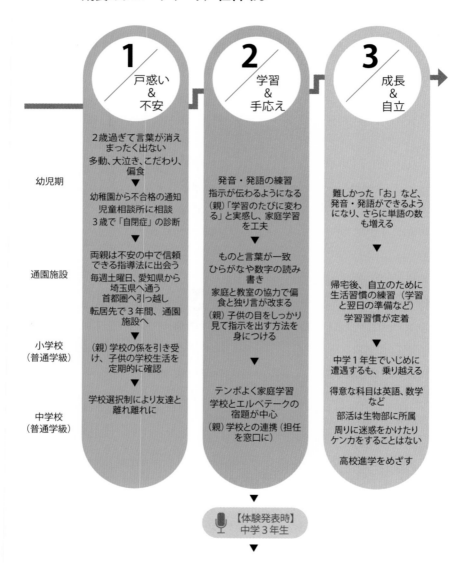

	1 戸惑い&不安	2 学習&手応え	3 成長&自立
幼児期	2歳過ぎて言葉が消えまったく出ない 多動、大泣き、こだわり、偏食 ▼ 幼稚園から不合格の通知 児童相談所に相談 3歳で「自閉症」の診断	発音・発語の練習 指示が伝わるようになる （親）「学習のたびに変わる」と実感し、家庭学習を工夫	難しかった「お」など、発音・発語ができるようになり、さらに単語の数も増える
通園施設	両親は不安の中で信頼できる指導法に出会う 毎週土曜日、愛知県から埼玉県へ通う 首都圏へ引っ越し 転居先で3年間、通園施設へ	ものと言葉が一致 ひらがなや数字の読み書き 家庭と教室の協力で偏食と独り言が改まる （親）子供の目をしっかり見て指示を出す方法を身につける	帰宅後、自立のために生活習慣の練習（学習と翌日の準備など） 学習習慣が定着
小学校（普通学級）	（親）学校の係を引き受け、子供の学校生活を定期的に確認	▼	中学1年生でいじめに遭遇するも、乗り越える
中学校（普通学級）	学校選択制により友達と離れ離れに	テンポよく家庭学習 学校とエルベテークの宿題が中心 （親）学校との連携（担任を窓口に）	得意な科目は英語、数学など 部活は生物部に所属 周りに迷惑をかけたりケンカをすることはない 高校進学をめざす

🎤 【体験発表時】中学3年生

【現在 中学3年生】学習は毎日2、3時間、休日は朝、午後、食後の3回（約4時間）
友達とのコミュニケーションはあまりないものの、挨拶が得意で、穏やかな性格
県立高校に合格し、2021年春から通う

言葉の遅れ、多動、こだわり、偏食などを克服し、家庭学習に力を入れる

仁科さん
中学3年生の母親

聞きて
河野俊一さん
エルベテーク代表

息子さんが幼稚園に入れず、深刻さに気づいた小学校教師の母親。「自閉症」の不安と焦りの中で知った指導法に頼ります。アドバイスを参考に家庭学習を進め、学校との信頼関係を深めていくと……

本文中敬称略

■ 約2時間の家庭学習を続ける毎日

河野　息子さんの幼児期の様子、その後の小学校生活、中学校生活について、そして仁科さんは小学校で子どもたちに教えていらっしゃる教師ですので、その立場から感じていることについてお話していただきたいと考えています。4年前（注 29ページ）、小学6年生だった息子さんはいま中学3年生になりました。まず、最近の様子についてお聞かせいただけますか？

仁科　小さい頃の、泣いたりわめいたりは微塵も感じられませんね。穏やかな性格の中学生に育ちました。学校は普通学級で学んでいます。友だちから話しかけられることはあっても一人で過ごすことが多いようですが、周りに迷惑をかけたり喧嘩になったりすることもありません。特にストレスは感じずに中学校生活を送っています。教科としてはおそらく英語が一番得意だと思います。数学も簡単な計算だったら得意です。部活は生物部に所属して活動しています。

河野　私たちの教室の子どもたちはみんな挨拶がじょうずなのですが、その中でも特に挨拶が素晴らしく、礼儀正しいお子さんです。ところで、学校から帰ってきてからどんなふうに過ごし学習していますか？

仁科　学校から帰宅すると、午後5時ごろゆっくりお風呂に入ります。そして、

夕飯前の時間、6時から7時ぐらいにエルベテークの宿題をやってから食事です。また少しゆっくりしたあと、夜9時から11時ぐらいまで学習しています。正味2時間程度で、ほんとうに集中して学習しているのは1時間半ぐらいかもしれませんけれども……。私から何も言わなくても、その時刻になると自分から椅子に座って学習していますね。夕食のあと学習しないと気が済まないようになりました。

　これは一種のこだわりかもしれませんが、それを小さい頃からじょうずに使うようにしました。机の上に鉛筆と消しゴムを置いておき、すぐにエルベテークの宿題を勉強できるように工夫したんです。すると、自分から進んで座って勉強します。私が準備を忘れていても息子が自分で準備するようにだんだんなりました。いまもそのリズムが続いています。学習する習慣をつけてよかったと思います。

河野　休日はどうでしょうか?

仁科　休日は私が声がけしないとなかなか動き始めませんが、それでも必ず午前中は学習をしますし、午前、午後、夕食後の3回が学習時間になっています。小学校の高学年になってから、感想文を書く自主学習の時間が増えたので、それに合わせて休日の朝に学習時間をつくりました。それが習慣になっています。夜の学習時間は私もゆっくり見てあげられます。いまは主人が理科、社会を担当して、息子に教えています。

河野　息子さんの上には優秀なお兄ちゃんがいますけれど、二人の違いは何かありますか?

仁科　長男には「学習しなさい」と言ったら怒られますので、言ったことないですね。次男のほうが学習習慣はしっかり身についているのではないでしょうか。

■ 体力の限界と苦労の連続

河野　それでは、幼児期の様子を振り返ってもらいたいと思います。仁科さんが私たちの教室で学習を始められたのが3歳の時でした。

仁科　1月から教室に通ったと思いますので、当時、3歳2カ月でした。

河野　当日は雪が降るかもしれないという予報が出ていましたね。愛知県から車で来られたわけですから、大変だったと思います。前日の夜に車で自宅を出られ、サービスエリアで休憩をとりながら、息子さんにとって初めての遠出だったとのことです。と

ころで、最初に息子さんの様子が気になったのはどんなことがきっかけでしたか?

仁科 1歳半健診ですね。息子の質問項目には「はい」のチェックが少なかったので「あれ?」と思いました。でも、「長男に比べ次男はゆっくりなのかな?」と都合のよいように解釈しました。

2歳すぎには数個の言葉を発していたんです。普通ならその言葉は増えていくはずですが、息子の場合、増えることはなく、むしろ言葉が消えるようになってしまいました。私は「大丈夫かなあ」と様子を見ながら過ごした感じです。そのうち、言葉がまったく出ないのが気になって、市でやっている言葉の教室へ通ったこともあります。でも、初めての場所に慣れなかったこともあり、息子は泣くばかりでした。結局、言葉の教室はすぐにやめてしまいました。

いろんな苦労がありましたね。たとえば、朝、お兄ちゃんの幼稚園のバス停まで一緒に行くんですが、なかなか歩いて行けませんでした。道路の横に置いてある側溝に降りて歩いたりしました。また、バス停でバスを待つ間に近くのアパートの階段を上って奥まで行きたがりました。制止すると激しく泣くので、どうしていいかわかりませんでしたね。

集団生活に慣れてほしいと思い、1歳半から幼稚園入園前の幼児教室に通わせ始めました。でも、息子は好き勝手に走り回るだけで座っていることができないんですね。偏食がひどかったので、お弁当も食べることができませんでした。

河野 言葉の遅れ、多動、こだわりと偏食でしたね。

仁科 公園は端から端まで行かないと気がすまないですし、来た道を戻ることを嫌がりました。無理に抱っこして戻ろうとすると大泣きをします。それで、忘れ物があった時には戻れないわけです。ショッピングモールに行ってもどんどん先まで行きたがって、押さえると大泣きするため買い物も大変でした。こだわりというのか、水たまりに好んで座りましたし、服が濡れると異常に嫌がり、着替えるまで泣き叫んでいましたね。とにかく、一歩外へ出るとこんな状態でしたから、私は体力の限界と苦労の連続でした。

■ 親の期待とは正反対のアドバイス

仁科 幼稚園へ入れようと考えて面接を受けました。その時も息子はうろうろ動

き回ったりしていましたが、園長先生の机の上に上ろうとしてほんとうにびっくりしました。幼稚園の先生の呼びかけに目を合わせることも応じることもできなかったので、不合格になったんです。ふつう、幼稚園で不合格は聞いたことがないので、その時初めて私は胸騒ぎがして事の重大さに気づきました。

河野 それからどうされましたか?

仁科 すぐに児童相談所に予約の電話をしました。でも、相談するまでに２カ月待たなければならず、その間、居ても立っても居られないといった感じで過ごしました。

　とにかく心配だったので、「言葉の遅れ」はいったい何なのかを知りたくてパソコンで調べ始めました。すると、「自閉症」の項目に「言葉の遅れ」「ものまね遊びができない」などの項目を見つけました。息子に当てはまる項目がたくさんあったんです。それを見つけた瞬間、「あっ! これだ!」と直感しました。まさか、障害だとは思ってもいなかったので、驚きのあまり血の気が引き、机に伏せてしまいました。その時点では誰かから判定されたわけではないんですが、私は母親として直感しました。この日を境に我が家の人生は一変しました。

　その頃の私はノイローゼ気味でした。とにかく誰かに話を聞いてもらいたくていろんな保育園を訪ねました。「ひょっとしたら息子を入園させてくれる保育園があるんじゃないか」と思ったわけです。直接、保育園の先生と話すことができ、「年長からだったら入園可能」などと言われたこともあります。でも、「これからどうしていくべきか」という対応策についてはどこでも教えてもらえませんでしたね。

河野 私たちの教室をお知りになったのはその頃ですね。その経緯について教えてください。

仁科 本屋さんで『発達の遅れが気になる子どもの教え方』という本を見つけたのが最初です。その本を読んで、息子と同じように発達上の大きな問題を抱えた子どもたちがどんどん変化していく事例を知りました。私には一筋の希望の光が見えた気がしたんです。

河野 本のどの点に一番注目しましたか?

仁科 他の障害の本とはまったく違って、方法や事例が載っている点です。たとえば、「多動で電車に乗れなかった子だったのに、いまでは一緒に新幹線に乗って私はうたた寝ができます」とか、「通園施設※で一番手がかかると言われていた

自閉症の女の子が、いまでは『カーテン閉めて』と言われたら『はーい』と閉めに行く」……。そんな事例がいろいろと載っていて、「息子もこうなってほしい」と私は思いました。

　そうこうしているうちに児童相談所の相談日が来ました。出向くと、予想通り「自閉症障害」と診断されました。同時に、「子どもの遅れている現状を受け入れ、いまを大切にすべき」という説明を受けました。「言葉を話せるように指導してもらえるのかな」と期待していたんですが、そうではなく、「話せないいまの状態を受け入れなさい」というアドバイスだったんです。「息子の問題を何とかしたい」と思っていた私たち夫婦の思いとはまったく正反対のものでした。「これからどうしていけばよいのか」と頭の中は心配と不安でいっぱいになり、それで「もうここしかない」と思い、その日のうちにエルベテークに電話し、相談会を申し込んだんです。

■ 障害を乗り越えるための学習環境を求めて

河野　愛知県から相談に来られました。その時の気持ちを振り返ってもらえますか?

仁科　児童相談所では通園施設への手続きの話しかしてもらえなかったので、ほんとうに不安でした。でも、出かけたエルベテークの相談会当日は、先生の毅然とされた指導を目の当たりにして驚きました。息子の成長していく可能性を感じることができたように思います。それで、すぐに入会を決めました。距離は関係ありませんでした。とにかく「行きたい」「通いたい」という一心でしたね。

河野　愛知県から川口の教室まで毎週通えるのか私たちも心配しました。息子さんが騒いで電車を使えないわけですから、車で来るしかないわけですし……。勇気を出して決意されたのには頭が下がります。

仁科　相談会のあと、週に1回土曜日に授業を受け始めました。車で朝早く自宅を出るとお昼過ぎには川口に着きます。そして、授業を受けて、途中、神奈川県に住む姉の家に寄って名古屋に帰るという生活を毎週続けていました。

河野　学習開始からどんな変化が見られましたか?　2、3カ月も大変な時期が続い

※ **通園施設**　「発達の遅れ」をもつ子どもと家族を対象にした療育施設で、母子通園施設とも呼ばれる

たわけではないですよね?

仁科　予想した通り、学習を始めた頃の息子は大泣きしたので、車から抱っこして教室まで連れていくような状態でした。ところが、数回通ったころから、私の「座って!」の指示が伝わるようになったんです。また、私たちが言っていることを、目を見て聞き、理解しようとする姿が見られるようになりました。「息子が確実に変わっていく」ということがよくわかりました。私たち夫婦も学習の手応えを感じましたが、泣いていた息子も手応えを感じたんだと思います。

仁科くんの日記（小学校低学年）

河野　私たちの教室には、仁科さんの息子さんのように言葉がまったく出ない、多動、こだわりなどの課題を抱えた子どもたちが通っていますが、学習の効果が少しずつ出て、その変化に「うちのふだんの子どもとは違う」と驚かれる保護者の方がほんとうに多いです。

仁科　ですから、私たち夫婦も次第に「息子がもっと伸びるために、学習日の回数を増やせないものか」と思うようになりました。そして、転居について一緒に話し合おうとしていたら、その前に主人が会社へ異動願いを出していたんです。私は私で「転居したい」と考えていたので、その話を主人にすると、「実は、もう転勤願いを出して決まった」という返事でした。考えていることは一緒だったんです。首都圏へ引越しした年少の4月からエルベテークを週2回、そして母子通園施設を週1回、秋からは週3回通うことになりました。学習がさらに進んでいきました。

■ 細かな変化に気づきながら、成長を見守る

河野　どんなところに息子さんの変化を感じましたか?

仁科　とにかく、教室に行って帰ってくるたびに息子がどんどん変わるんですよ。それがうれしかったです。教室では細かいところをきちんと教えていただけるから力がつくんだと思います。みんなそこの大事な部分を飛ばしてやろうとするから、身につかないんですね。最初は、「車から降りるよ」と言ってもエルベテークの看板が目に入ると息子は泣いていました。そんな息子でしたが、息子を預けて80分の学習が終わった時にはもう笑っているんです。息子が泣いている段階で諦めてしまっていたら、それで終わってしまったと思います。

河野　子どもは訳がわからないから大泣きするんです。私たちの教室ではそれに対して「そんなことはしない。こうするんですよ」と教えていくんです。どうすればいいのかを根気よく教えていくわけです。仁科さんなりに私たちの教室の指導について感じられたポイントはどこだと思われますか?

仁科　うちの息子は多動だったので、80分座って学習することは難しいと思っていました。でも、教室の指導では、「座ります!」と言って、椅子に腰かけさせる。そして、「口を閉じます!」と言って唇を上下そっと閉じさせる。そんなやり方で教

えていくことを知って、「なるほどなあ」と実感しました。また、息子は言葉と動作が一致していなかったから、わからなかったし、できなかったんだと思いましたね。この動作の大切さも教室で知り、家でも真似をするようにしました。

河野　発音・発語の練習についてはいかがですか？

仁科　エルベテークの言語指導では、話すのを待つのではなく、「話させる」という姿勢で対応してくださいます。息子は泣いてばかりで、最初、入室の時の「こんにちは」、退室の時の「ありがとうございました」の挨拶が言えませんでした。でも、息子が泣いていようと関係なく一緒に促しながら挨拶を続けていきました。そのうちに、最初「・・・た」だったのが、「・・・ました」「ありがとうございました」と変化していきましたね。

　また、息子は「あ」「い」「う」「え」の音は発音できるのに、「お」がなかなか発音できませんでした。それで、先生に相談すると、「『あいうえ……おはようございます』と言わせるようにして『お』の発音を求めてください」とのアドバイスをいただきました。実際、発音できるようになり、感心したことがあります。

　それから子どもにとって教え方がわかりやすいと感じました。「あ」の文字の書き方を教える時に点と点で細かく教えてくれる教室はなかなかないと思いますが、あのやり方だから子どもはどんどん力をつけていくんだと思います。もちろん、その前提として、「見る」と「聞く」の徹底がありますよね。

■「必死さ」が事態を打開する鍵

河野　息子さんには極端な偏食もありましたね……。

仁科　偏食はひどかったですね。食べられたものはうどんなどの麺類とごはん、お菓子、すりおろしニンジン入りのホットケーキ、しめじだけ。通園施設に通い始めると、お茶も給食も食べられませんでした。自宅では温かいものしか食べていなかったので、給食が冷たかったから抵抗があったのかもしれません。それで次の日、ごはんを温めてもらったら食べることができ、お茶も飲むようになりました。でも、野菜はなかなか食べられませんでしたね。

　次第に体重も増えてきたので「これはまずい」と思い、本気でいろいろ取り組みました。たとえば、せんべい以外のお菓子をいっさい中止し、甘い物は食べさ

せないようにしました。それから、カロリー計算に基づいて食事の内容を見直しました。バターなどはあまり使わないようにしたんです。また、嫌いな食材と好物をひとつのお皿に一緒に置くようにもしましたし、朝食後、お菓子を欲しがる前にエルベテークや通園施設へ行くようにしました。

河野 私たちの教室でも偏食を改められるように対応しました。

仁科 年中になって、先生が「どうしても野菜を食べさせたい」とおっしゃって、スプーンに嫌いなニンジンを乗せ、もう一つのスプーンに好物のパスタを乗せて、「ニンジンを食べたらパスタを食べていいよ」というやり方でやったら成功したとお聞きしました。そのあたりから、みるみる食の幅が広がって、最後は自分からほうれん草なども食べるようになりました。体形もいい感じになり、適正体重に戻り、親としてはうれしかったですね。それから、家でもいろいろなものが食べられるようになりました。

河野 「どうにか良い方法はないだろうか」という必死さが事態を打開する鍵ではないでしょうかね。とにかく、偏食を少しでも改善できれば、親も子も気持ちが楽になります。なるべく早めにオムツを取るのも同じです。そこにはすべて教育が関わっているのではないかと思います。

仁科 それにしても、どうして子どもたちは指示通りに受け入れられるのか、不思議です。効果的な指導のポイントはどこにあるのでしょう?

河野 子どもの状態をこちらがわかっているからではないでしょうか。「あなたはこれが苦手だよね、ここは難しいよね。どうして難しいかというと、こことここをあなたは見ていないでしょう」と言って子どもがぶつかっている課題をわかりやすく説明してあげる。そうすると、子どもは子どもなりに「自分のことをよくわかってくれている」と感じて安心する。安心して学習に取り組める。「いままでここが大変だったよね、辛かったよね」と言うと、中には泣く子もいます。その時に私たちはこう言います。「でも、これから先生が全部教えてあげるから、心配しなくていいからね」と。そうすると、そこでまた泣く、そして頑張る。

　要するに、指導の出発点は子どもの現状をきちんと把握することですね。そして、課題は何かを理解しながら順序立てて学習を繰り返し進めるということです。それができずに上っ面のことだけをやるから効果が上がらない。たとえば、よく見受けるようにただ迷路やパズルをやらせていても、それは遊びなんです。家でやればいい類

のものなんです。そうではなくて、お手本の文字の形をきちんと覚えて、一人で小さなマスの中に丁寧に書けるように教えることがはるかに効果的だと断言できます。

　また、「普通学級にいることは難しいから、特別支援学級へ」というアドバイスをよく聞きますが、その子どもの現状と課題が把握されていないのに特別支援学級に変わったら問題が解決するでしょうか。ほとんど解決しないと思います。

■「これで教えられる!」と見通しがつき始めた

河野　学習を始めて最初に見通しが立った頃の様子をお聞かせください。

仁科　その頃は通園施設に週1回、エルベテークに週2回という生活でした。通園施設では駐車場が少し離れたところにあったんですが、息子はすぐに違う方向へ走って行ってしまいました。また、通園施設では手つなぎ散歩が多く取り入れられていました。これは息子がとても苦手でしたが、私は「できるようになりたい」と思いましたので、「手をつないで歩く!」を主人と休日に始めました。手を離しそうになると「離してはだめだよ!」と言い続けました。「走らない!」と言うと、意外に言うことを聞くことも多かったです。それまでは「走らない!」と言うこともなく、息子がやりたいようにそのままさせていたのですが、きちんと言うことで走ってはいけないとわかってくれると気づきました。声がけの大事さをあらためて認識しましたね。

河野　家庭生活ではいかがでしたか?

仁科　それまでは私が靴下を履かせていました。「そろそろ一人で履かなければいけない」とお友だちを見ていて気がつきました。それで、「今日から一人で履きなさい」と言ったんですが、最初は大泣きでした。でも、次の日は泣くことなくあっさりと一人で靴下を履きました。「親の強い気持ちが通じた」と感じましたね。そんな感じで、手つなぎや靴下など、1つ1つ目標が達成できました。そして、「また次の身近なものに頑張ろう」という気持ちになりました。「これで教えられる!」と見通しがつき始めた時ですね。

河野　反対に難しかったことは何でしたか?

仁科　どうしても独り言と歯医者での大泣きの壁が越えられませんでした。この2つは改めるまでにとても長い時間がかかりましたね。家の中ではこちらが疲れ

てしまうぐらい独り言が多いんですが、まず教室への行き帰りの車の中だけでも頑張ろうと目標を決めました。独り言で車中がうるさくなってきたら、「しずかに！」と言うと、いったんやめるんです。でも、しばらくするとまた独り言。で、「しずかに！」と根気よく繰り返しました。私1人だけでは疲れてしまうので、主人と交代で「しずかに！」と言うようにしました。数年かかりましたが、言い続けてきてよかったです。いまでは独り言はあまり言わなくなりました。しゃべりたい時もあるようですが、エレベーターの中や人ごみの中では絶対しゃべらないので、努力は無駄ではなかったと思います。

　必ず大泣きになる歯医者でも、玄関口で「今日は、泣かないようにがんばろうね」と手を握って伝えるようにしました。これはエルベテークの指導方法を真似しました。願いを込めて伝えてから病院へ入る方法を繰り返し続けていくと、年長になった頃、まったく泣かずに、しかも自分から椅子に寝る姿が見られました。看護婦さんも驚いていました。すぐにはできないことでしたが、あきらめずに続けてきてよかったです。

　これらのことは、学習を通して子どもが我慢し、折り合いをつけ、乗り越えていく力を身につけてくださったからです。大人の都合に応じられる力を身につけさせる大切さ、これに尽きると思います。

■ 家庭での接し方・教え方に力を入れて小学校へ

河野　ところで、ある時、仁科さんから「ここまで成長したのだから幼稚園へ行かせたい」という相談を受けたことがありました。あの時のお気持ちとその前後の経緯についてお話しいただけますか?

仁科　その頃、診断名が「広汎性発達障害の非定型自閉症」に変わりました。これは状態が少し軽くなってきたということです。自分の欲求を少しずつ言葉で伝えたり、私の「○○したいの?」という問いかけにも「うん」と返事をしたりするようになりました。その年の秋には「お母さん」と呼び、二語文も話せるようになり、成長が見られました。

　そんなふうに少しずつ力をつけたので、幼稚園でいろんな子どもとの集団生活を経験させたいと私は考えたんです。でも、結局、教室からのアドバイスを受け、

通園施設に留まることにしました。

河野 仁科さんのお気持ちはよくわかりましたが、あの時、「通園施設を出て幼稚園に入ったからといって普通学級に入学できるとは限りません」という話をしたと思います。息子さんの学習の目的は、普通学級に入学して、一般の子どもと一緒に学習したり学校生活を送ったりすることです。ですから、まず息子さんの力を少しでも伸ばすことが一番。そのためには、入学前に家庭でいろんな経験を積んでいけば十分だ……。そんな話をしたわけです。わざわざ幼稚園へ変わって、そこで「あれもできない、これもできない」と言われると、不安が増しますからね。

仁科 幼稚園へ変わっても新しい環境にパニックを起こしたり野放しにされたりするのが不安だったので、相談させてもらったんです。「居心地の良い通園施設で3年間しっかりやるほうがいい」と最終的に判断しました。エルベテークからは「小学校までの最後の1年間は家にとどめておかないで、どんどん外へ連れ出してあげてください。これにかかっています」とアドバイスもいただきました。私が恐れていたことでしたが、背中を押してもらったと思います。兄の授業参観や運動会にも一緒に連れていきました。

河野 運動会で他の新1年生と一緒に息子さんは走ったそうですね。それができる力を身につけていたからこそできたんです。

■ 小学校の担任へ配慮してもらいたい点を書類で提出

河野 小学校入学式の日に先生と面談されましたが、そこを詳しくお話しください。

仁科 入学式当日には、息子の特性について学習面や社会面で困難なことを箇条書きにして持っていきました。「最初は『大人しくていい子ですね』と言われるのですが、「長く一緒にいると、いろいろ問題が出てきます。申し訳ありませんがよろしくお願いします」と学校側へお伝えしました。

　また、クラスの中での息子の様子を見たかったので、お願いしたこともあります。クラスには集金係というのがありました。息子の学校は先生が数えるのではなく保護者2人が数える仕組みでした。その集金係に私は立候補したんです。朝、集金を受け取りに行くと、教室内の様子を少し見ることができるからです。息子が座って自習をしている姿を見ることができましたし、担任の先生と少しお話をす

ることもできました。「昨日、息子は忘れ物をしましたが、大丈夫だったでしょうか?」「大丈夫ですよ」、こんなふうに話せるだけで安心できます。

　その他、絵本の読み聞かせを毎週木曜日に息子の小学校ではやっていましたので、それにも立候補しました。自分の子どものクラスで本の読み聞かせをできるわけなんです。教室内でどのようにしているのかしっかり把握することができました。1年の頃は、お友だちはみんな静かに聞いているのに、息子はうるさかったです。そのことで息子の課題がわかりました。2年生になると、友だちに「うるさい!」と言われたため、静かにできるようになりました。徐々に友だちと仲良く過ごしている様子も見られるようになりましたね。1、2年は同じ担任の先生だったのもよかったと思っています。

河野　学年が上がってから担任の先生へはどのようなお願いをしましたか?

仁科　6年間、担任の先生へは息子の課題と配慮していただきたい点についてまとめた書類をお渡ししました。6年生の時には、5年生の時に担任の先生に渡した書類に、1年間の間で変わったことをわかりやすく修正し書き加えて持っていきました。たとえば、息子の場合は指示の理解が難しいこと、聞いていてもわからないためまわりの子の動きを見ているから行動のズレが生じることなどを書きました。先生からも「わかりやすい」と喜ばれました。

　それから、息子には時間の概念を表す言葉の理解が難しいという特徴もあります。たとえば、「ちょっと待ってて」の「ちょっと」がどのくらいか理解できない。その他、文章題を解くのが難しいことや、音読はできていてもたぶん内容は理解できていないということも書類に書きました。担任の先生ができると思っていることでも実はできないことがわかり、助かる部分も多いそうです。

　そのほか、学校生活で困難なケースとして、言語的な指示が長いと理解できず集団行動から外れやすいこと、会話に参加することが難しいこと、そして友だち同士の会話には参加できていないこと、感情を言葉で説明できないことも書きました。

　支援の方法については、短めで簡単な言葉をゆっくり2回繰り返すこと、集団指示で理解できていない場合は個別に言ってくださいとお願いしました。全体に言った後、息子にだけ「次は体育館に行くからね」と一言あると違いますので、そんなお願いになりました。

■ テンポよく家庭学習

河野 家庭での接し方についてはどこに気をつけられましたか？

仁科 小学校に入学して初日から意識したことは、学校から帰ってきたら、今後、一人でできてほしいことを、私がまず必ず行うことです。その様子を見てまねしてもらうためにやりました。

当初、本人ができたことは帽子を置くこと、ランドセルを置くことくらいでした。そこで私がランドセルの中身を出して、翌日の準備をしました。そして音読などの宿題をセットして見えるように机の上に置きました。その他、エルベテークの宿題と漢字練習と、合わせて3つぐらいを置きました。順番は、漢字練習、音読など学校の宿題、エルベテークの宿題という感じでしたね。

次の日の教科書をそろえるのは息子には難しかったので、息子が1、2年生の頃までは私がやりましたが、それを見ていたのでしょうか、気がついた時には自分でそろえるようになっていました。それは3年生ぐらいのことだったと思います。

河野 家庭学習の進め方についてはどのような点に気をつけられましたか？

仁科 宿題はいまもリビングでやっています。時々、自分の部屋でやりたがることがありましたが、一人で解いても絶対に間違えないもの、音読、漢字練習、簡単な内容の計算ドリルだけにしてもらいました。間違って解いてしまう前に指摘できるようにこちらが一問一問丁寧に見たいからです。息子は文章の助詞がとても苦手でした。いまも苦手ですが……。新聞作りも難しかったです。担任の先生には「家でやってきます」と持ち帰り、私が一緒にやるようにしました。

小学6年生の時には、円周率、最小公倍数、最大公約数、小数・分数のたし算ひき算、仮分数を帯分数に直すなどを、集中的にやりました。時間が少し経つと、「6分の6は1」ということも忘れてしまうので、自主ノートを使って繰り返し勉強しましたね。とにかく、間違ったことをそのままにしておくのではなく、正しいことを教えるように心がけました。そして、テンポよく解かせるように工夫しました。

ひとつは、よくなかったことはやり直させることでした。最初からやり直させる。汚い文字は必ず消す。声を出してほしくない場所でしゃべったら、もう一度スタートの位置に戻ってやり直す。できるようになるまで何度でもやらせる……。これら

は初め息子は特に嫌がり大泣きになることも多かったんですが、実践しました。

　それから、もうひとつは、泣きそうになる前に「泣きません」と言って止める。泣きそうになるタイミングがわかるので、そこで止めます。これは効果があるのがわかったので、通園施設でよくやっていました。それでも泣いてしまうこともありましたが、やってきてよかったと思います。またドアを触って止まるというのを繰り返すような不適切なこだわりも、「やりそうだな」と思ったらやる前に「やらない」と制止しました。やってしまってからでは止めるのは難しく、パターンになってしまうのも嫌なので、そうならないように気をつけました。とにかく、声がけをしたり指示を出したりする時は子どもの目をしっかり見て話しました。

河野　ご承知の通り、子どもは自分がやりたいことは放っていてもやります。しかし、親がやってほしいことはなかなかやってくれません。ですから、仁科さんがおっしゃったように、両親がやってほしいことを子どもの目をしっかり見て根気よく伝えていくこと、そしてしてほしくないことは「それはしないよ」としっかり伝えていくことがポイントだと思いますね。

■ 中1で体験したいじめを乗り越える

河野　そういう状態で中学校へ進んだわけですが、中1の時にいじめに遭いましたね。その状況についてお話しください。

仁科　2学期ですね。休日の前でした。小学校の友だちがほとんど全員行く中学校へ息子も行きたかったんですけれど、くじ引きで外れたので、たった一人、自宅近くの中学校へ行くことになりました。それで、生まれて初めてのいじめに遭いました。小学校6年間はなかったんですけれど……。

河野　学校選択制ですからね。

仁科　うちの息子を知っているお友だちがまったくいないので、不安だったんですけれども、それが的中しました。息子のクラスがなかなかやんちゃな集団だったんですね。たぶん息子は冷やかされたんだと思います。

河野　気づかれたのは学校から連絡があったからでしたか?

仁科　たまたま私が迎えに行った時に一人で歩いて帰ってくるところを見つけたんです。痛そうな顔をしていたので、「どうしたの?」と訊くと、「階段から落ち

て打った」と。自宅で湿布しました。最初は「自分で落ちた」と言ったんですけれど、「誰かに押された？」と訊くと、「うん」と返事して友だちの名前をはっきり言ったんです。階段はけっこうな高さですよ。降りようと思ったところを二、三段目から押されたそうです。そして、下に落ちて転んだ。すぐに学校に電話しました。そして、主人が患部の写真を撮ってすぐに学校へ行ったんですね。かなり強く言ったんですけれど、相手の親の言い分もあることですし、結局、うやむやになりました。

河野　直後に私に相談がありましたね。「教育委員会の方と話をし、転校して特別支援学級に変えようかな……」ということでした。手続きも進んでいたようですが、私は「待ってください」と申し上げた。「もう一度、息子さんがどう思っているのか、そのあたりを確認した上で決めましょう」とアドバイスしました。学校の先生方が仁科さん親子に対して腰が引けていて今後のめどが立たないと感じたので、そういう方向にしてはいけないと思ってそうお伝えしました。仁科さんご夫婦の気持ちはよくわかったんですけれど……。

仁科　息子に訊いたら、「いまの中学がいい」と。びっくりして「ほんとうに？」「うん」。それで決まりです。

河野　本人からそう言われて、担任も校長先生もうれしかったと思います。息子さんの言葉で校長先生も担任も教頭先生も全員が救われたんです。転校となったら大変でしたから。仁科さんとしても「息子が『この中学で頑張りたい』と言っているので、先生にも力を貸してほしい。今後、二度とこんなことがないようにしてほしい」ときっぱり言えたんですよね。

仁科　そうですね。その時にすぐ先生に電話して「先生のおかげです。『先生のもとで頑張りたい』と息子は言っています」とお伝えしました。

河野　あれがあったからこそいま先生方がとてもよく協力してくれる良い環境となったわけですね。息子さんはお母さんの質問の意味がよくわからなかったでしょうが、「初めての中学校より慣れたここの中学校がいい」という彼なりの率直な判断だったんではないでしょうか。担任を窓口にしてすぐに対応したことが良かったと思います。

仁科　いまでは息子のことを先生方がよくご存知です。

河野　いじめは深刻な問題です。私たちの教室に通う子どもの中で一番大変ないじめは、中学生の男の子でした。女番長のような存在の同級生から「トイレの便器を

素手で掃除しろ」と言われたんですね。何回も無理やりさせられたので、本人はとうとう我慢できず、一人の女の子を蹴飛ばした。その蹴飛ばしたところを運悪く先生が見ていたんですね。「女の子を蹴るとは何事か」というわけです。

　しかし、よく追及してみたら、真相がわかってきた。最初は学校から呼び出されたご両親だったわけですけれど、内情がわかるにつれ、「こんな中学校にはいたくない。転校する」と怒ってしまった。当然と言えば当然ですが、私は「落ち着いてください。子ども本人は『中学校で勉強するから』と言っているんだから、今回の件は矛を収めるように」とアドバイスしました。その晩にお母さんが担任の先生へ「二度とこんなことがないようにしていただけませんか」と電話し、学校側にこちらの要望を聞き入れてもらえました。それから、いじめはいっさいなくなったんです。

　いじめはこれからもずっとあります。やはり、子どもが集団になれば、大人の世界と同じように、指導者・先生の目の届かないところでいじめが行われるわけです。これはどうしようもない。先生がずっと見張っているわけにはいかないですし……。「いじめを乗り越えていくためにどうするか」を大人が話し合っていくことが大切ですよね。

仁科　そのいじめがきっかけとなって、息子は2年生、3年生と穏やかなクラスにしてもらいました。先日も、先生のほうから誘っていただいて放課後に美術室で美術の補習をやっていました。

河野　そうですか。補習を受けていたあたりに彼の成長が感じられますね。やはり、学習の目的を見失わないことですね。なんとか学校との信頼関係を取り戻すこと、そして我慢したり折り合いをつけたり乗り越えたりという、わが子の精神面をよりいっそう強くすること、それが目的ですから、そのためにはどうすればいいのかと考えて対応していくと、大きな間違いはないと思います。

■ 親の強さと努力が大事

河野　ところで、仁科さんは小学校で教えていらっしゃいますが、発達の遅れを抱える子どもの教育についてどのように考えていらっしゃいますか？

仁科　私はいま、小学校で普通学級と特別支援学級の両方で教えているんですね。先日も、普通学級に残る子どもと特別支援学級へ移る子どものケースに直面しました。私としては、自分の息子もそうですけれど、普通学級で学んでほしい

と思っています。普通学級で学習したほうが伸びるというのが実感です。特別支援学級とは教科指導の内容がまったく違いますからね。

河野 おっしゃる通りですね。もちろん、特別支援学級や特別支援学校で学んだほうがいいだろうという子どもはいますが、まずめざすべきはやはり普通学級だと思います。その時の問題は、普通学級の授業についていける力をどのようにして身につけさせるかです。できないことやわからないことがたくさんある子どもだから教えなければいけないんです。仁科さんのように、お尻に火がついた状態になって親が必死に努力されるから子どもは勉強するようになるんだと思います。それがいまはおかしな方向へ進んでいるような気がします。

仁科くんの数学のノート（中学3年）

仁科 そうですね。私も、エルベテークの先生方の強さが背中を押してくれました。そうでなかったら、不安の中で前へ進めなかったと思います。強さと言ってもただ怖いだけじゃないですよね。裏には「こうなってほしい」という愛情があることがわかるから子どもも信頼を寄せてくるんだと思います。

河野 社会全体にそういう大人の姿勢が必要だと思います。実はこの10数年間で子どもの数は10％ほど減っているのに、特別支援学校へ通う生徒の数は約1.5倍に増えています。特別支援学級で学ぶ子どもの数は約3倍です。「無理しなくてもいいんだよ」という教え方で、この子どもたちはどのようにして認知力やコミュニケーション力を伸ばし、物事のルールや手順をわかっていくようになるんでしょうか。「とんでもない状態だ」と認識している人があまりいないというのが不思議でたまりません。

仁科 やっぱり強さは大事ですね。先日、不登校気味だった小学1年生の女の子がいたんですが、お母さんがとても弱いのが気になっていました。そこで、電話で私は「学校へ行かせてください」と強く言ったんです。「できれば」とか「できるかぎり」とか優しく言ってもダメですからね。そのお母さんはそこから変わって強くなりました。女の子は学校へ通うようになりましたね。

河野 その女の子のお母さんのような方を一人ひとり増やしていくしかないですね。結局、子育ては努力なんです。「どうしたらいいか」と迷いながら親が努力することで、周りも「一緒に乗り越えましょう」と協力してくれるようになるんだと思います。言い換えれば、親が教育の大切さを認識し、「この課題を改善するためにどうしたらいいのか手を貸してほしい」と思うかどうかが大きいと思いますね。

■ ハンディを克服し、社会人をめざす

河野 そういえば、以前、知り合いの高校生の方を私たちの教室へ紹介していただけましたね？

仁科 紹介ではなくて、私がエルベテークのことをその方にお話ししたのを聞きとめて連絡したみたいですね。

河野 その高校生の男の子は言っていました。「ここに通うまでは勉強をしたくなくて、高校ではずっと寝ていました」と。

仁科 そうみたいです。もともとお母さんは「おかしいな」と思っていたようです。

中学校の先生から発達の遅れを指摘されたようなんですが、それからご両親は不安でしょうがなかったみたいです。

河野　聞くところによると、彼だけでなくクラスの3分の1は授業中、寝ているそうです。それでも、注意されないわけです。ほとんどの先生方は「注意したい」と思っているはずですけれど、それができない雰囲気になっているんですね。

仁科　保護者にものすごく気を使っていますね。はっきり言いたいけれども、言えなくなってきているんじゃないかなと思います。

河野　いま、1日の学習時間ゼロという高校生も少なくないと聞いています。これから仁科さんの息子さんが高校生になると、コミュニケーションの面では課題が残っているとしても、おそらく力を発揮するだろうと思います。学習習慣がしっかり身についているわけですから……。いま、息子さんは学校についてどう考えているんでしょうかね。

仁科　学校は行くものだと思っています。

河野　私たちの教室の生徒で、高校3年生になるまで友だちが一人もいなかった子どもがいます。ところが、指定校推薦で大学に入学してから変わりました。彼のご両親も「息子が大学に行くなんて考えてもいなかった」とおっしゃっていました。学び続けることは大事なことなんです。

　たまたま、今日、この春から就職する大学4年生の男の子とお母さんが卒業の挨拶に来られましたけれど、その男の子も幼児期には仁科さんの息子さんと同じように偏食、泣く、怒るがありました。自傷行為も見られたんです。ですけれど、いまはそんな気配は微塵も感じられません。彼は「あの時があるからいまがある。親にはいっぱい苦労をかけて悪かったと思います」と語っていました。

　仁科さんの息子さんも高校で読解力、聞き取る力、そしてコミュニケーションの力を伸ばして、その次はぜひ大学をめざしてほしいと思います。最後に先輩保護者として、発達上の課題を抱える保護者へ向けて一言お願いします。

仁科　これまで大変なことはたくさんありました。自分のお子さんのことを「きっとできる、必ずできる」と信じてあげれば、その思いや願いは必ず伝わると思っています。どんな小さなことからでもいいと思います。一緒に頑張ってみてください。いつか、きっと、いいことが起こると信じて……。そして、いつも頑張っているお母さんお父さん、頑張った本人には、いつか大きなプレゼントとして戻っ

てくると思います。

河野　ありがとうございました。

（2021 年 1 月 26 日）

（注）この本で紹介する 7 人の子どもたちの中で仁科さんの息子さんが一番年齢が低く、最初の実例として紹介することにしました。実は、仁科さんには今から 4 年ほど前、2017 年 5 月の「発達障害」セミナー第 3 回で講師になってもらい、当時小学 6 年生だった息子さんの成長記録について報告をしていただきました。ただし、単独で報告する形だったため、今回、対談という形をとって成長記録について話し合ってもらいました。

成長のフローチャート／向井くん

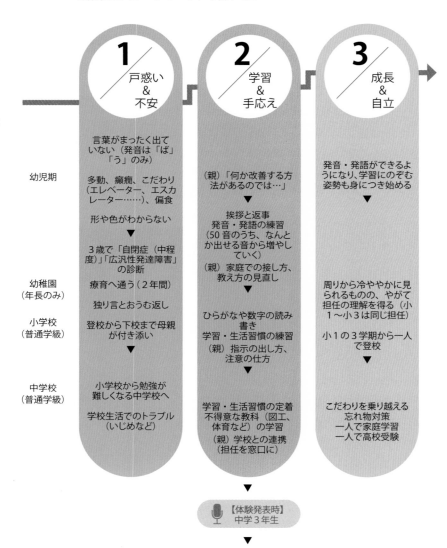

	1 戸惑い＆不安	2 学習＆手応え	3 成長＆自立
幼児期	言葉がまったく出ていない（発音は「ば」「う」のみ） 多動、癇癪、こだわり（エレベーター、エスカレーター……）、偏食 形や色がわからない ▼ 3歳で「自閉症（中程度）」「広汎性発達障害」の診断	（親）「何か改善する方法があるのでは…」 ▼ 挨拶と返事 発音・発語の練習（50音のうち、なんとか出せる音から増やしていく） （親）家庭での接し方、教え方の見直し	発音・発語ができるようになり、学習にのぞむ姿勢も身につき始める ▼
幼稚園（年長のみ）	療育へ通う（2年間） 独り言とおうむ返し	ひらがなや数字の読み書き	周りから冷ややかに見られるものの、やがて担任の理解を得る（小1〜小3は同じ担任）
小学校（普通学級）	登校から下校まで母親が付き添い ▼	学習・生活習慣の練習 （親）指示の出し方、注意の仕方	小1の3学期から一人で登校 ▼
中学校（普通学級）	小学校から勉強が難しくなる中学校へ 学校生活でのトラブル（いじめなど）	学習・生活習慣の定着 不得意な教科（図工、体育など）の学習 （親）学校との連携（担任を窓口に）	こだわりを乗り越える 忘れ物対策 一人で家庭学習 一人で高校受験

▼

🎤 【体験発表時】中学3年生

▼

【現在 高校1年生】学習は毎日2、3時間、朝は自分で起きて学校へ
特に英語が得意で、我慢強く、穏やかな性格

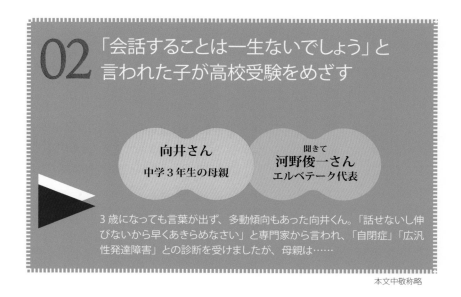

02 「会話することは一生ないでしょう」と 言われた子が高校受験をめざす

向井さん
中学3年生の母親

聞きて
河野俊一さん
エルベテーク代表

3歳になっても言葉が出ず、多動傾向もあった向井くん。「話せないし伸びないから早くあきらめなさい」と専門家から言われ、「自閉症」「広汎性発達障害」との診断を受けましたが、母親は……

本文中敬称略

■ 「こんな日が来るとは思ってもみなかった」

河野 息子さんが3歳3カ月だった12年前の2008年2月、私たちの教室に初めてお出でになりました。言葉はまったく出ていない、多動、癇癪を起こす、いろんなこだわりがある、そういった課題がありました。しかし、いま中学3年生。一人で高校入試も受けております。他の生徒さん方のお手本になる生徒だと評価をもらっています。私が申し上げたいのは、そういうふうにして子どもというのは大きく成長し変わっていくということです。

　さて、彼はいま、受験の最中ですけれども、最近の様子について最初に向井さんからお話ししていただきます。

向井 いま息子は中学3年生 [*1] で受験の真っ最中です。先に私立の受験があったんですけれど、これは無事に合格しました。受験に行った時ですね、心にぐっときたものがありました。車で送りましたらちょっと早めに着いたので、緊張感あふれる校門の前で私が「一人で行けるのかな、大丈夫かな」と思って、「大丈夫？ 一緒に行こうか？」と訊いたんですね。すると、息子が「大丈夫だよ。心配すんなよ」と言って、さっと車を降りてすたすた行ってしまいました。その後ろ姿を見て、「ああ、本当に成長したな。こんな日が来るとは思ってもみなかった」という

気持ちが起きまして、ぐっと来るものがありました ^(*2)。

　ふだんの生活は基本的に自立しています。受験に行く時もすべて自分で支度して、朝も自分で時計をかけてきちんと起きて行きます。だいたい前の晩に支度したものを机の上に積み重ねてあって、朝、それを確認しながらカバンに入れるというような形で毎日出て行きます。小学生の時はちょっと心配もあって私が覗いたり本人がいないところで確認したりしたんですが、いまは何もせず、そのまま行きます。忘れ物などはほとんどしたことはありません。就寝時間も自分でだいたい決めていて、その時間に寝られるように学習時間を自分で設定したりして、時間の管理や学習の内容の管理は本人任せになっています。だいたいいまそんな生活です。

河野　いまは学校が大好きですが、これまでいろんなことがありました。子育ての最初の頃から振り返っていただきたいと思います。まず、私たちの教室においでになる前の様子についてお話しいただけますか?

■ 認知力がなく、こだわりはすべてもっている

向井　うちの息子は3歳になってもほとんど発語がなく、発音は「ば」とか「う」とかそんな調子でした ^(*3)。ものすごく多動で、少しもじっとしていられない。多動は特にひどくて、1秒2秒、目を離したら、「この子、死んじゃうんじゃないか」というぐらい激しい動きでした。常に親のほうも緊張感がいっぱいで、目を離せない。高いところが好きで、登る。登れると思うとどこでも登っていってしまう。もちろん降りることなんかまったく考えていない。だから、登らせないように私は見ている……。その緊張感はすごいものがありました。一通りいろんな症状があって、逆さバイバイ[※]とかクレーン現象[※]とか、感覚過敏、聴覚過敏、偏食、こだわりはすべてもっている子どもでした。言葉を覚えてからはイントネーションが変なのと、おうむ返し、独り言がものすごくひどくなってきました。

　幼稚園の入園面接では最後まで残されてテストを受けたんですが、その時に動

※ 逆さバイバイ　自分の側に手のひらを向けてバイバイする
※ クレーン現象　何かを要求する際、言葉や指差しではなく、相手の手を近づけて行う動作

物の名前もわからない、形もわからない、赤とか青とか色の区別もわからない。入園許可はもらえませんでした。その時、本当に愕然としました。それまでは「なんとなくおかしい。何だろうな？」という感じでしたが、ここまで認知力がないことにものすごく驚いて、毎日、動き回る息子を見るのと対応で手一杯で、大きな不安を抱きながらも、「この忙しく動き回るのを制するにはどうしたらいいんだろう？」とそればかり考えているような日々でした。

河野　いろんなところにご相談に行かれたと思うんですけれども、簡単にお話しいただけますか？

向井　その後、3歳時健診で民間の療育施設を紹介されて週2回か3回通っていました。そこは同じような子どもたちが通所していたんですが、やることは親子体操とかマッサージとか動物と触れ合うとかで、「成長を促しているんだろうか？」「発語に関してはまったく促すようなことをしていないんじゃないか？」と日々思いながら通っていました。息子が泣いて嫌がるのを連れていくという辛い日々でした。

■「子どもと喋りたい、話をしたい」

向井　そこに通っている時に、「発達の専門病院で診療を受けてみましょう」と言われて、区でやっている病院を紹介されて行ったんですけれど、そこの先生が息子のやることを一通りご覧になって、診断は「自閉症、中程度」でした。おかしいのはおかしいと思っていたんですけれど、自閉症という言葉を突きつけられた時に頭が真っ白になってしまって、「この先どうしたらいいんだろう」と思い、帰りに先生に「いつ来たらいいんですか？」「どうしたらいいんですか？」と訊きました。

　そうしたら、「ここは診断するだけなので、来なくていいです」と言われ、私としてはまだ信じきれなくてもう一つ大きな小児病院で再度、検査を行いました。その時は「広汎性発達障害、自閉傾向」。病院には3カ月に2回くらい通ったと思うんですけれど、「どうしたらいいんでしょう？」という質問に対するアドバイスはとにかく「療育に行きなさい」だけでした。

　その後も民間の療育のほうに通い続けました。そこでは私がなかなか障害を受け入れていないと思われたみたいで、「早く障害を受け入れなさい」「早くお母

さんが障害を受け入れて障害者として子どものスタートを切らないと、ダメなんだよ」と言われ、「この子はどうなっていきますか?」と訊きましたら、「お母さん、この子と一生、会話することはないから、そう思って障害者としてのスタートを早くしなさい」というふうに言われました。

河野 向井さんの場合はそこで「本当にこれでいいのか?」と思われた。そのへんのお気持ちを、ご主人とお話をされたことも含めてお話しいただけますか?

向井 何か改善させる方法があるのではないかと思いました。子どもと喋りたい、話をしたい、それが一番でしたね^(*4)。「何かその方法はあるのではないか、会話ができるようになりたい」と思って、いろんなところに行きました。本も片っ端から買って読んだり、「あそこで 100 人のうち 1 人だけ改善した子がいるみたいだよ」なんて噂を聞くとそこに行ったり、「良いマッサージがあるよ」と言われれば行ったり。ちょっと怪しげなところも行ったりしました。

　でも、当然ですけれど、なかなか目に見える改善はなかったので、「学べる環境はないものか?」と思っていたところ、偶然、本屋さんで河野先生の『自閉症児の学ぶ力をひきだす』を見つけ、「自分が求めていたのはこれだ」と思って、すぐ手にとって家に帰って読みました。夫婦で読んで、両親にも読んでもらって、「ここに賭けるしかない」という気持ちでお電話させていただきました。

■ 口・舌の動かし方からおうむ返し・独り言を制止する練習へ

河野 私たちの相談会においでになった時の様子について……。

向井 相談会に伺った時に、息子は多動だったので心配していたんですが、先生に抱っこされながらなんとか 30 分間終わりました。ちょっと落ち着いた様子もあったので、「学習ができ、能力を伸ばせる」という先生たちの話を聞き、確信しました。その場で通うことを決め、「これで成長できるんだな」「手がかりをつかんだ」という安心と期待と感動と希望の光を見たような思いで帰りました。

河野 学習を始めた時の様子はどうでしたか?

向井 とにかく発語がなかったので、最初は目を見て「おはようございます」と挨拶するところから一言ずつ出す練習をしていただきました。指導していただいた 50 音が全部出ず、たしか 10 何音しか出ていないとのことでした。それもびっ

くりしたんですが、自然に50音は身につくものだと思っていたのに、口や舌の使い方がわからず音が出ない子もいるんだと知って、とてもびっくりしたのを覚えています。

　まず50音を出すところからの練習の始まりでした。先生が1音ずつ丁寧に手を使って口を開けて口の形をつくってくださったり、舌の動かし方を教えてくださったり。「何の音と何の音とが出ましたよ」と毎回、教室で聞くのが楽しみで、通っていました。50音を覚えて次は、追唱という段階があるんですけれど、先生の言った言葉を追唱する。言葉が出てなかったので、2文字からの始まりです。息子にはなかなか頑固な性格があるようでその追唱に応じられず、できるまでに4カ月ほどかかりました。初めて言った言葉が「あり」。「今日は初めて『あり』って言いました」と先生から聞いたのを覚えています。その時、とても嬉しかったです。

河野　言葉の発語の練習からスタートしたわけですけれども、いままできちんと発音するという練習はほとんどしてませんでしたから、私たちの教室で教えてどこまで言えるかをチェックしていきました。いまお話にあった通り、この音はどうにか教えていけば出るぞ、この音はなかなか難しいな、と仕分けし、そのうえで、練習をしていくわけです。口の形、息の出し方、舌の使い方とか、口をすぼめるとか、そういう形で言葉が少しずつ言えるようになってくると、先ほどありました通り、今度は独り言おうむ返し。

　言葉の遅れているお子さんがなりがちなのが独り言やおうむがえし、奇声。息子さんも同じようになったんですけれども、どんなふうに対応されてきましたか？

向井　言葉を話せ単語を言えるようになってから、今度はすさまじいおうむ返しと独り言。常に何かごちゃごちゃとしゃべっている状態で、車に乗せていてもずっと何かしゃべっている。意味があることではないんですけれど、何か発している。親でも気持ち悪いぐらいだったので、「これはやめさせなければいけない」と思い、指導を仰ぎました。

　アドバイスは、「それは言いません」「やりません」と何度でも目を見て注意すること。子どもとの根比べですね。言ったら、「言いません」「やりません」。何度でもその繰り返しです。疲れ果てて「これは終わることがあるんでしょうか？」と先生にお尋ねしたことがあるんですが、「必ず終わります」とおっしゃってくれたので、その言葉を心の支えにして毎日、おうむ返しや独り言と戦っていました。

河野　終わるまでにどれくらいの期間かかりましたか?

向井　独り言とおうむ返しは、小学校へ上がるぐらいまでありましたね。いまでも片鱗はもっています。叱られた時や強く誰かに言われた時には同じことをおうむ返しすることはあるんですけれど、本人はわかっているので、「いま言ったよ」と注意すると、「あっ」という感じでやめられます。「おうむ返しはいけないことでおかしいことなんだ」と本人もわかっていますので、注意できます。

河野　向井さんには「言葉が出るようになれば独り言やおうむ返しに気をつけてください」とお伝えしていたんです。お子さんが初めてしゃべれるようになったら、親御さんにとってはこんなに嬉しいことはありません。しかし、今度は独り言やおうむ返しで困ってしまうケースが多くありますから……。

　ところで、その頃には多動的な傾向はずいぶん収まってきましたよね。そんななか、独り言やおうむ返しをやめさせるために繰り返し注意し続けてきたわけですが、注意する時に気をつけられた点を教えていただきますか?

■ 目を見て話すと指示が通ることを実感

向井　息子はじっとしていなかったですけれど、まず、「目を見て話さないと指示が入っていかない」とよくわかりました。前に回って目を見て「しちゃいけないよ」「ダメだよ」「しません」と言ったことに関しては「違うよ」と気づくこともできる。逆に、動いている時とか背後から「ダメだよ、それはいけません」と言っても本人は気づいてないです。指示が入っていない時は何度声をかけてもぜんぜん聞いていない。改めることはできません。

　目を見て言うと、指示が入っていく。目を見ているとそれがわかるんですね。入っていない時もわかります。目を見て注意する。それが初期ではとても気をつけていたことです。

河野　本当に「いつまでこれを続けるんでしょうか?」と向井さんはおっしゃったんです。私どもは「やめるまでです」とお答えしました。動いてることもありますし、また視線がきちんと合うわけじゃないですから、「目を見なさい」と声をかけて目を合わせたうえで注意なさっていた。大変だったと思うんですけれども、それを続けていかれた。息子さんは少しずつ目を見るようになっていきました。いずれにしても、独り言も多動

も「どうすべきか」を教え続けてこられたところがポイントですね。

「どうにかこれをやめさせないといけない」と誰が思うかと言うと、やっぱり親御さんなんです。親御さんがそう思わないのに周りがどうこう言ってもなかなか難しい。残念ながら、いまの世の中は「無理をさせない。言動をわかってあげよう」という風潮が広がっています。学校の先生方が「どうにかこのお子さんを伸ばしていきたい」「こうしたい、ああしたい」と思っていらっしゃっても、親御さんがそれに対して「いいです、うちの子は。これは個性ですから」とか言われたらどうしようもないですね。まず保護者の方が「やめさせないといけない」と思うかどうかが一番です。向井さんはその気持ちをもたれた。

さっきお話があった通り、その傾向は持ち続けます。しかし、もう社会人になったり、言葉で説明できるようになった私たちの教室の卒業生が一人残らず言うんですが、「自分でコントロールできるようになってきた」と。コントロールできるということは無意識のうちにやらなくなるということです。「いけない。また自分のくせが出てきた」という形で自分に号令をかけて改善してやめたり止まったりする。あるいは、周りから注意を受けたりしてそれに気づいてやめるようになったわけです。

よく「無理に座らせると二次障害が起きる」とかおっしゃる方もいらっしゃるようですけれども、そのままにしているほうがどれだけ大きなハンディになるでしょうか。むしろ、とんでもない状況になっていくわけです。早い段階で改善していけば、どれだけ子どもが楽になるか。また親も周りも教える方々もどれだけ楽になるか、そういったところを私たちはもう一度見直していくべきではないかと思います。

■ 力がついているから普通学級へ

河野　それではここから小学校の頃のことをお聞きします。学習を始めて3年経った段階でもまだまだ大変だったんですが、就学相談、小学校に入られる経緯についてお話しいただけますか?

向井　結局、息子は年長から幼稚園に1年通いました。その頃もまだ担任の先生に言った言葉が「二語文なら喋れます」だったと思います。幼稚園に1年通って就学相談を受けることになるんですが、事前に家でいろんなことを練習して、エルベテークでも学習の勉強などして臨みました。

ですが、うちのほうは新興住宅地でマンモス校だったため、就学相談でかなりのお子さんが一緒で、待たされてしまった。息子は最初から崩れ気味で、それでもなんとか臨んだんですけれども、途中で目の検査の時にちょっと崩れてしまいました。まだその時はコントロールできるような力は備わっていなかったので、一度崩れるとグズグズという形になり、すぐに支援学級の先生がやっていらっしゃいました。別室に連れていかれて「ここで落ち着くまでいようね」と他の子どもとは別にされました。

　結局、教育委員会から「普通学級は無理なので支援学級でお願いします」というお話をいただいたんですが、事前にこちらからは「普通学級でみんなと一緒に生活させたい。ぜひその方向でお願いします」と伝えていましたので、何度か教育委員会に呼び出され、夫婦揃って出かけてなんとか対応しました。あちらは「支援学級で」とおっしゃるんですけど、私は「協力しますので、普通学級でお願いします。なんとかやれる子だと思うので……」という話をしていきました。

　すると、最後に「じゃ、お母さん、登校から下校まで付きそうことができますか？」と言われました。事前に河野先生から「そういうことがあるかもしれない」と伺っていたので、「来たな」と思って、「もちろんです。そんなことでよろしいんでしたら、すぐにでも付いていきますから普通学級でお願いします」と。向こうは少し困ったような顔をされてたんですけれど……。そこで母親付きで普通学級で最初から学べることに決まりました。

河野　実は、これは無理を言っているんではなくて、その時の息子さんはひらがなの読み書き、数の並びとをわかりできるようになっていたんです。

　コミュニケーションはまだ難しい。それから、ルールですね、学校に入ったら、授業中はきちんと座って先生のほうへ顔と目を向けて授業を聞くとか、ランドセルはどこに置くとか、そういったルールを覚えなければならない。「初めてのところだったらわからないので、身につくまでは大変ですよ。1、2年の間は失敗もあるかもしれないけれども、先生方のご協力をいただいてぜったいこの子は学んでいくべきだ」という話を向井さんにしていたわけなんです。そういうことで、付き添いされていらっしゃったんですね。

向井　4時半に起きて行きました。

■１年間の付き添いを通して学校との関係が深まる

河野 お姉ちゃんのお弁当をつくったりしてから、お子さんと一緒に学校に登校する。向井さんは最初、授業中はずっと教室の後ろのほうに……。

向井 後ろにいたり、息子が動きそうな時は横に座っていました。手が届く範囲で、常に目を配って脱走したり動き回らないように、と。

河野 私たちと打ち合わせし、向井さんは当然、覚悟して付き添われたんです。でも、学校の先生方からは「なんでこの子が親も付き添って普通学級に通うんだ」「親のエゴで通っているんじゃないか」と。最初、教育委員会のほうから「支援学級で」という判断があったので、そういう見方を学校の先生方もせざるをえなかったということかもしれません。ですから、どちらかというと、向井さんに対する目は非常に冷たい。

向井 本当に異質なものでした。最初から「なんだろう?」と。子どもたちも「なんだろう?」と。「お母さん一人だけクラスに来ている。なんでうちのお母さんは来ないのになんで来てるの?」という感じです。先生のほうも「モンスターペアレントじゃないか?」という雰囲気で探られている感じがわかりましたので、なるだけこちらはオープンに和かに過ごすようにしていました。

河野 向井さんからご相談を何回もいただきました。向井さんの気持ちがめげそうになる時もあったんですけれども、ご存知の通り、付き添いや補助の先生がいる場合には、担任の先生が直接そのお子さんに指示を出したり確認をしたりすることは非常に少なくなります。つまり、向井さん親子に対しては先生も指示も出さないし、お母さんに任せっぱなし。

その時にお伝えしたのが「どんな言い方・接し方をすれば、彼が押しとどまったりちゃんと座っているのか、先生に顔を向けられるのか、教科書を開いたりノートを取ったりできるのか、その様子をお母さんがお手本を示し担任に知っていただくために付き添っているんだ、そういうふうに考えてください」でした。そうすると、先生がずいぶん協力的になってくれましたよね。

向井 いま河野先生がおっしゃった通り、最初のうちは私たちに直接先生が何か言ってくるということはなかったんです。けれど、息子がじっとしていないので、いつもやっているように私は目をみて「やらないよ。これはしません」。わからないことに関しては隣に行って教える(*5)。手順を教えるということがとても大事で、だいたい手順を教えるとなんとなく真似事でもできるようになるものです。手順が

わからないところが歩き回ったりする原因だったのかな、といまは思います。

　そのようなことを教えながら、だいたいは、やってはいけないこと、やっていいこと、ルール、物の扱い方などを 1 対 1 で私と息子と二人だけでやっているんですけれど、それをたぶん先生も見ていらして後々 3 年間面倒を見てもらうことになるんです。

■ 同じ先生が 3 年間担任に

河野　3 年間、1 年生の先生に担任をしてもらったんです。過去にはそんな例がないそうです。私が聞いた話ですが、最初は「普通学級なんてとんでもない」とその先生自身も思っていた。しかし、その子が大きく変わっていく。1 年生の終わりごろには息子さんの挨拶は教室のお手本みたいな形になって、「この子の成長を自分が見届けたい」と校長先生におっしゃったようで、2 年 3 年の 3 年間、担任をされました。

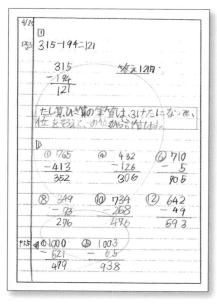

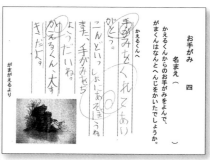

算数のノートと国語の感想文
（小学校低学年）

　先生方の協力をいただいたことが成長に大きなバックアップになったんじゃないかなと思います。付き添いのほうは1年生の3学期の1月か2月に終わりました。

向井　確か1月終わりぐらいだったと思うんです。上の子がインフルエンザにかかりまして、どうしても息子と一緒に私が登校できない状況になりました。それまで毎日、朝から晩まで一緒にいたので、「ちょっとこれは無理かな。お姉ちゃんが完治するまで休ませるしかないな」と思って、朝、先生に電話しました。「息子は元気なんですけれども、私が行けないので休むことになります」と。そうしましたら、担任の先生が「大丈夫です。一人で今日来させてみてください」とおっしゃってくれました。一人で出しました。帰って来てから「どうだった?」と訊いたら「楽しかったよ」みたいな感じで、先生からも「いつも通り過ごすことができました。お母さんがやるように、いろいろやってみました」と電話をいただき、感謝の気持ちでいっぱいでした。娘の風邪が治るまで息子は一人で学校へ行っていました。

河野　それがきっかけでしたね。担任の先生が「付き添ってくれ」なんておっしゃらなかったのは、息子さんにそれだけの力がついていたということです。大変だったと思うんですけれども、この10カ月ほどの付き添いは彼の成長に大きな手助けになっていたのは事実だと思います。

　そんなふうに、学校の先生といろんな話し合いをされていったわけですけれども、「悲しみのカード」の一件について、その時のことを簡単に教えていただきますか?

向井　特別支援学級などに通っている子を大学の偉い先生が見に来るという時間が年に1回あるらしいんですけれども、普通学級にいた息子も対象になっておりました。その頃の息子は2年生ぐらいだったと思うんですけれども、人との距離感がわからない時期で、人に近づきすぎてしまう、その真っ最中でした。特におとなしい女の子なんかは先生に「ちょっと怖いんだ」と言ってきたそうです。「近づきすぎちゃいけないよ」と私は言ってたんですけれど、休み時間の様子を見ていると、そんな調子だったらしいです。

　放課後に偉い先生を交えて教師たちの勉強会の時に、うちの息子に対しては相手が嫌がることをしないために「近づきすぎた時に相手の子が『悲しみの顔のカード』を出す。そういう方法がいいんじゃないか」と担任の先生に提案があったそうです。「お母さん、そういうふうに言われたんですけれど……」と学校の担任の先生から電話がありました。私としては「なんだそれは?」という思いで、

「一度主人と相談してまたお電話します」と電話を切り、すぐに河野先生に電話をしました。「こんなことを言われてしまったんですけれど、どうしたらいいんでしょう?」と。

　そうしたら、「息子さんはもう言葉でいろんなことがわかります。ですから、『絵なんかではなくて言葉できちんと注意してくれればわかる子だということをお父様に手紙を書いてもらって、担任の先生に渡してください』と指示をいただきましたので、すぐさまそうしました。先生も手紙を読んでくださって、すぐに「わかりました。その通りですよね」となり、そのカードを使う件はすっと消えてなくなってしまったんですけれど……(*6)。

■ 小学校と中学校の先生同士による話し合い

河野　小学校に入ってまだまだ大変なことがいっぱいありました。学校へ行く前にいろんな準備をする、ランドセルの中に何を入れるか……。家庭学習を含めてその当時、どんな点に注意なさっていらっしゃったのか、話していただけますか?

向井　最初の頃、持ち物は息子と一緒に揃え、1教科ずつゴムバンドで固定していました。黒いゴムバンドをいっぱいつくり教科ごとに必ずそれで固定する、そうすると忘れ物もなく、授業の前もすっと出して授業前にきちんと揃えられる。そういう工夫をしていました。

　学習習慣は3歳の頃からエルベテークでいろんなプリント類などを出していただいて、就学前からひらがな、カタカナ、足し算・引き算、1年生の漢字、かなり練習して臨んだんですけれど、そういうことが積み重なっていました。

　小さいうちは繰り返しの練習。繰り返しの練習はとても時間がかかるんですが、できるまで練習する。そんなことを何年かやってきたので、学校の勉強とエルベテークから出される宿題をきちんと順番どおりにやるというのを決めていまして、毎日毎日欠かさずに行う。小さい時は横に座って一緒にやっていくうちに習慣づいたのではないかなと思います。

河野　小学校6年生の担任の先生に相談され、アドバイスを受けて中学校に入学された、そのへんの経緯と中学校での学習する習慣について……。

向井　6年生の担任の先生は男性の方でした。3月ぐらいに中学校と小学校の

先生の会議が一度あるらしいんですけれども、「次の中学校に上がるに当たって何かこちらから伝えておくことがありますか？　もしあれば、書いていただいてその時に私がきちんと伝えておきます」とおっしゃっていただきました。とてもありがたかったので、配慮していただきたいこと、こんな癖があることとか書きまして、先生に託しました。

　それをたぶん中学校の先生も見て、少し問題があり配慮しなければいけない子なんだとわかっていたんだと思います。最初の面談の時に「わかりました。ちゃんと見ています」と言われたんですけれど、その時に「息子さんは高校進学するつもりですか？」と訊かれました。そんなことを訊かれるとは思わなかったので、びっくりしました。当たり前だというのが心のどこかにあり、「そのつもりです」と言いましたら、先生が「ではそのつもりで見ていきます」とおっしゃってくださったので、お任せしました。

河野　そんなふうにして小学校と中学校の先生とが連携されたわけです。実際、連携は１回きりになってしまってなかなか難しいものですけれども、学校の先生方同士、また先生と保護者のほうがきちんと信頼関係を築いていろんな話し合いをしながら小学校を卒業してこられた。卒業する段階でも中学校にどういうことをお伝えしたらいいのかを先生と相談し、それが中学校に伝わった……。

　中学校の先生にも「きちんと手順を踏んで学校と良い関係を築いてこられた保護者の方だな」というのは手に取るようにわかるわけですね。いわゆるモンスターペアレントではないとわかる。そうすると、中学校の先生方もまた「応援していこうじゃないか」と思いますよね。

　中学校に入ってからは学習が大変難しくなってきます。その中で中学校の１日の学習時間はどのくらいか、彼がどういう形で準備したのか、向井さんはどこに気をつけられたのか、お話しいただけますか？

■ 家庭で準備することはきちんと準備する

向井　学習時間は２、３時間です[*7]。平日は３時間ぐらいしていますね。テストの前になると、一日中やっていたり。ずっと習慣づいていたことなんですけれども……。先ほども申しましたけれど、中学校になると、途端に持っていくものが

43

増えまして、教科書も何冊か、文法なら文法、本体があって資料集があってノートがあって何があってと、1教科だけでも5冊6冊7冊という数になります。それもまたゴムバンドできちんとまとめて、いまもそれを使ってやっています。それが忘れ物を防ぐ良い方法なんだろうなと本人も気に入ってやっているのがわかります。

　小学校では連絡帳があったんですけれど、中学校はないので、ちょっと心配です。そこで、「気になることはメモしてみたら」とメモ帳を持たせました。本人は几帳面なところがあるので、そのメモ帳に一つ一つ宿題の記述やら連絡事項やらいろんなお知らせ事がびっちり書いてありました。ただ、いまはやっていないんですね。おとといあたり「最近、メモ帳ってどうしたの?」と訊いたら「いまやっていないよ」。「どうしているの、期日とか覚えているの?」と訊いたら、「覚えているから大丈夫だよ」と言っていたので、成長したんだなと思いました。

河野　中学校は中学校で難しい内容はありますし、小学校でも苦手な図工であるとか、大変だったんですけれども、そうした苦手な科目はどう対応しましたか?

向井　いまでもそうなんですけれど、息子はとても手先が不器用なので、技能教科は小学校、中学校にわたりとても苦労しました。小学校の時は担任の先生にお願いしまして、1週間の授業計画書をいただきました。毎週、毎週、先生が月曜日に私の元に持って来てくださいました。それを見ると、その時間にだいたい何をするのか書いてありました。それと教科書を見て、何が起こるのかだいたい予測をつけて授業に臨むわけなんです。図工とか絵を描くのとか、工作も下手なので、絵を描く時はテーマがわかっていれば、一度家で絵を一緒に書きます。

　色塗りも一度家で書いたものを学校でまた再現できるかというと難しいので、全部終わらせて小さくたたんで「わからなくなったらこれを見て思い出して書くんだよ」と持たせたりしました。工作も家で同じ材料で一度作ってから臨みました。それも手順をきちんと言葉や絵で書いた紙を持たせて、「それもわからなくなったら見ていいよ」と安心感を与えて学校へ送り出してあげると、授業中うろうろしたりとか困ったりすることはなかったんじゃないかと思っています。

　団体競技の球技はいまでも無理なので、体育の授業もやることがわかっていれば、ルールや趣旨を説明しました。鬼ごっことかドッチボールとか、簡単なルールがあるので、それを説明します。家で練習できることは練習していきます。鉄

棒とか縄跳び。縄跳びは学校が一所懸命に取り組んでいたので、公園や家の近所で練習しました。運動会のダンスなんかも先生に事前にDVDをもらって家で練習して本番ではきちんとできるようにしました。まず本番できちんとできるような形を作るようにいつも二人で練習していたんです。

　練習していっても、できないこともいっぱいあるんですけれども、大切なのは練習して行くということ。「前回に比べてほんのちょっとだけできていたね」と先生がちゃんとわかってくださるんです。そこが大事だったのかなと思います。

■ 幼い感じがわかるといじめの対象になりやすい

河野　小学校も中学校も学校が好きで行っている息子さんですが、いじめがありましたよね。そのへんをどのような形で乗り越えられたかを簡単にお話しいただけますか?
向井　息子はちょっと言葉が幼かったりとか周りに比べてちょっと幼い。小学校の高学年になってくると少し幼い感じが周りからもよくわかるような感じがして、言葉でからかわれたりとか、ものを隠されたりとか、意味もなく「謝れ」と言われたりとか、よくありました。本人は応じてしまうところもあるんですけれども、やっぱり悔しい。

　騒ぎになったりしてうちに帰ってきて、「どうした?」と訊くと、詳しくはわからないんですけれど、大まかなことはわかります。「何かあったんだな」と思っていると、担任の先生から電話がかかってきて「こういうことがありました」と。「やっぱりそうでしたか」という感じです。エルベテークにお電話して相談しますと、「まず担任の先生にきちんと解決してもらう方法が一番いいんだ」と教えていただきました。まず、担任の先生に当の子どもたちにきちんと言っていただき、そこできちんと解決していただく、という方法で毎回乗り越えてきました(*8)。

　中学校も1年生の時にからかい好きの男の子たちと一緒になってしまって、何かにつけて言葉を真似されたりとか、言い足らないのをからかわれたりとか、そんなことで何人かで言われると、息子も我慢できなくなって喧嘩になったことが何回かあったんです。普段は穏やかな子なので自分から向かって行くことはないんですけど、からかわれたりすると悔しいようで、そういうことが何回かありました。その時も担任の先生に相談して「その場にいる時はその場で言いますから」とい

うお話をしていただいて、話し合いとか相手の子に言ってくださったりしました。何回かあるうちに少しずつ終わっていった感じはあるんですけれど、中学2年生の時にクラス替えがあって、いまは穏やかなクラスなので2年3年ではほとんどそんな騒ぎになったことはありません。

■ いじめ対策の2つの視点

河野　いじめというのはいろいろみなさんご心配だと思うんですけれども、いま話の中にありました通り、いじめの問題は2つポイントがあると思います。一つはどんな状況なのかを早く親や大人が気づいて、対応していくことです。どんなことがいつの時間に起きたか、どんな言い方をされたかなどを具体的に記録にとっておき、それを担任の先生と早く共有して、学校で対応していただける部分、家庭で気をつけなくちゃいけない部分をちゃんと仕分けしたうえで対応していく。要は、ちゃんと大人が目を向けていることをきちんと子どもに伝えていく状態が大事ですよね。こちらが管理していくということです。

　それからもう一つは子ども自身の問題。息子さんはそんな状況でからかわれ、泣いて帰ってきたこともあるんですけれども、「学校に行きたくない」ということは一回も言ったことはない。いじめられたその瞬間は嫌なんだけれど……。

　みなさんご存知の通り、世の中、人間の世界は複数集まったらいじめはあるんです。程度の差はあるでしょうけれども。そういったものでいちいち「あれがどう言った」とか「あんな顔をして、俺に対する目つきが良くなかった」とか、そんなことを言っていたらきりがないわけです。じょうずに折り合いをつけたり乗り越えていくという力を子ども自身につけない限り、解決することはありえません。

　そういった2つの視点をもって見ていく必要があると思います。言っておきます。いじめはずっとあります。100年後もあります。「いじめのない社会をめざそう」というスローガンはスローガンとしてはいいでしょうが、そんなことは実際にありうるわけがない。

　とんでもない状態にならないように、その手前で大人が目配りしてそうならないようにしていくのが大人の役割と責任で、また子どもにもそういった乗り越えていく力・練習をさせていく、その両方を考えて私たちは対応していく必要があるんじゃないでしょ

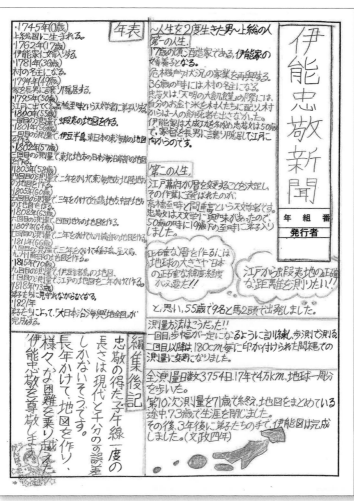

向井くんの『伊能忠敬新聞』（中学生）

うか。

　最後に1点だけ。息子さんにいっぱいあったこだわりをどう乗り切って来られたか。幼児期から小学校の時期になると思うんですけれども、そこをお話ししていただけますか?

■ 見せない、近づかない、きちんと子どもに伝える

向井　うちの息子のこだわりなんですけれども、幼児期に大好きだったものはエレベーター、エスカレーター、上に行ったり降りたりするもの。そういうものを見ると乗らずにはいられない。ボタンを押さずにはいられない。とにかく、駅に行くとまともに歩くこともできないぐらいあちこちのエレベーターが気になって、近く

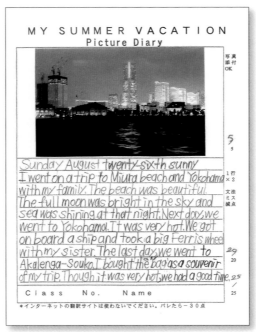

向井くんの英語の日記（中学生）

に行って乗れないとその場でひっくりかえって怒る、泣き叫ぶ、そんな状態でした。

　最初は乗せてしまうこともあったんですが、それではダメだということで乗せない。まずはあまりそういうところに近づかないというのが一番なんです。見せない、近づかない。見せないように歩くとか。そういう工夫をしてみても、「乗るのは1回だけど、あとはもう乗りません」「やりません」「そんなに泣いたらおかしいです」ときちんと本人に伝えます。それでもやってはいるんですけれど、これも言い続けていれば、必ずやめられます。

　息子にこれもおとといあたり訊いたんですが、「昔、あんなに好きだったけど、いまはどう？」と訊いたら、「いまは別にどうってことない」って言うんですね。「むしろ、エレベーターじゃなくて階段を登るほうが好きだ」ということで、まったくいまは興味ないようです。

河野　エレベーター、エスカレーターは本当に大変だったんですよ。他にもこだわりはあり、いまおっしゃった通りです。私からお伝えしたのが「よっぽど力をつけて試しに連れて行くことはあったとしても、そういった場所に近づかないのが一番ですね。あえてこちらから近づいて行く必要はない」というアドバイスでした。

　その対応の際に大事なことは、必ず子どもと手をつないでいるということなんです。勝手にパッと行かせない。行きそうになった場合には手を使って目を見て「行かない、いまこうする」ということを言い続けられるかどうかということです。手を離しているから好き勝手にし始めるわけです。まずは外に出た時には必ず手を握る。

　向井さんの場合は、手を握っていく習慣をつけていかれたということですよね。

向井　手はこっちをつないで手を離す時はこっちでつかんでから離す、みたいな感じで絶対離しませんでした。手がふさがっている時は足で挟んで上から離さないような感じで行かせないようにして歩いていました。

河野　目を見てきっぱりと注意していくと、「絶対させない」という親の思いが子どもに通じていきます。向井さんはそれを続けてこられた。なんべんも申し上げる通り、これはこだわりなんです。後から振り返れば、さっき話がありましたね、どうってことはないことなんです。どうってことはないものをこだわりにしているのは大人がさせてしまっている面が大きいんじゃないでしょうか。

　小さい頃はまだ「可愛い」で済まされるものが大きくなったらそういうわけはいかない。どんどん大変になるわけです。ですから、「早い段階からきちんとやめさせてい

く」という覚悟をこちらがしっかりもったうえで対応すべきです。

　どのくらいの期間までそれは続きましたか？

向井　小学校 2 年生ぐらいまでは動きそうな感じはありましたね。

河野　ということです。でもいまはそんなことはまったく心配いらないわけなんです。
12 年間にわたる貴重な体験談をありがとうございました。

（第 18 回 /2020 年 2 月 22 日）

【補足情報】

同じく向井さんが講師を務めた第 15 回（2019 年 3 月 16 日 / 当時中 2）
の体験発表から

* 1 皆勤賞で学校に通っています。全体的には 8 クラスある学校で、人数多いんですけど、
クラスで 10 番以内には入っているんではないかという感じで過ごしています。

* 2 主人の姉は教師をやっていまして、うちの息子に会うと驚きます。改善されていること
にとても驚くんです。「もともとそういう素質が息子にあったんだろう」という考えをもっ
ているようですけれど、そこは違うのかなと私のほうは思っています。

* 3 変な話ですけれど、動物のようにキーキーワーワー言うだけで……。

* 4 自分の言葉で想いを伝えたくない子はいないんだろうな、と思っていましたので、障
害を諦めるのではなくて学べるところを探していました。

* 5 ちょっと目を離すと校舎のどこかわからないどこかに行ってしまいました。そうすると
学校では有名人だったので、「B 棟の 1 階にいたよ」とか「体育館にいたよ」とかい
ろんな子が教えてくれるんです。それを探しに行って連れてきて座らせて……。その
なりふりはかまっていられないというか、とにかくつかまえてきて座らせる、教室から
出さない、何をしているのか理解させる、そういうことが始まりでした。

* 6 最後の 1 年生の終業式が終わったあとに先生が「今日でこのクラスは終わりだね。
みんな 1 年間、ありがとう」という話をなさって、その時に先生が「みんなにはもう
一人お礼を言わなきゃなんない人がいたよね」と言ってくださって、「お母さんはその
子のために来ていたんだけど、世話にならなかった子はいないよね」とお話をして、
みんなが私に「ありがとうございました」と言ってくれたのがとても感動して良かった
なと感じました。

* 7 エルベテークの宿題、それから学校の宿題をやって、あと計算問題。英語や漢字の
テキストなどを、自分で何をやるかを決めて取り組んでいます。

* 8 やり方はどうなのかなとか、これでいいのかなとか、言われたことちゃんとできている
のかなとか、ものすごく不安になる時があるんですけれど、その時に相談してできる
ことがあったということと、そのことに対して明確な答えをいただけて解決できるって
いう安心感が、いろいろ乗り越えられてきた秘訣ではなかったのかなと思います。

成長のフローチャート／坂本くん

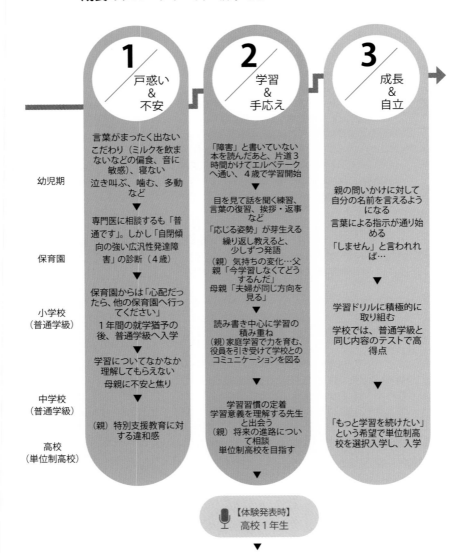

	1 / 戸惑い & 不安	2 / 学習 & 手応え	3 / 成長 & 自立
幼児期	言葉がまったく出ない こだわり（ミルクを飲まないなどの偏食、音に敏感）、寝ない 泣き叫ぶ、噛む、多動など	「障害」と書いていない本を読んだあと、片道3時間かけてエルベテークへ通い、4歳で学習開始	親の問いかけに対して自分の名前を言えるようになる 言葉による指示が通り始める 「しません」と言われれば…
保育園	専門医に相談するも「普通です」。しかし「自閉傾向の強い広汎性発達障害」の診断（4歳）	目を見て話を聞く練習、言葉の復習、挨拶・返事など 「応じる姿勢」が芽生える 繰り返し教えると、少しずつ発語 （親）気持ちの変化…父親「今学習しなくてどうするんだ」 母親「夫婦が同じ方向を見る」	
小学校（普通学級）	保育園からは「心配だったら、他の保育園へ行ってください」 1年間の就学猶予の後、普通学級へ入学 学習についてなかなか理解してもらえない 母親に不安と焦り	読み書き中心に学習の積み重ね （親）家庭学習で力を育む、役員を引き受けて学校とのコミュニケーションを図る	学習ドリルに積極的に取り組む 学校では、普通学級と同じ内容のテストで高得点
中学校（普通学級）	（親）特別支援教育に対する違和感	学習習慣の定着 学習意義を理解する先生と出会う （親）将来の進路について相談 単位制高校を目指す	「もっと学習を続けたい」という希望で単位制高校を選択入学し、入学
高校（単位制高校）			

🎤 【体験発表時】
高校1年生

▼

【現在 高校3年生】学習は大好きで、穏やかな性格
現在は、将来の進路について模索中

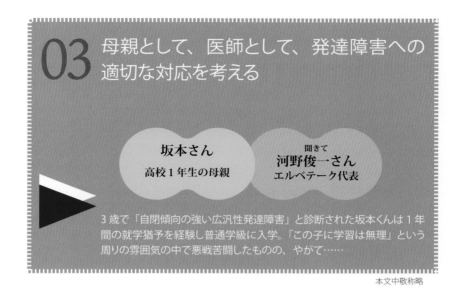

03　母親として、医師として、発達障害への
適切な対応を考える

坂本さん
高校1年生の母親

聞きて
河野俊一さん
エルベテーク代表

3歳で「自閉傾向の強い広汎性発達障害」と診断された坂本くんは1年間の就学猶予を経験し普通学級に入学。「この子に学習は無理」という周りの雰囲気の中で悪戦苦闘したものの、やがて……

本文中敬称略

■ 「荒波のなかの小舟」のような子育て

河野　坂本さんの息子さんの幼児期からの様子、これまでの子育て、学校との連携などについてお聞きしたいと思います。

坂本　皆さんは、私が医者として母親としてなにかすごいことを語るのではないかと期待されるかもしれませんが、実はまったくそうではなくて、私はダメ母親の代表だと思っています。私たち夫婦の子育ては「荒波のなかの小舟」みたいでして、そんな中でここまでたどりついた経緯をお話しさせていただきます。個人的な意見が入っております。他の教育機関や教育方法のことを批判するつもりもまったくありませんので、その点を最初にお断りさせていただきます。

　ということで、うちの大事な息子ですけれども、息子は不妊治療の後に8カ月の早産で生まれました。体重1794グラムでした。いま、体重は84キロを更新中でして、頭の中で想像していただけるとすれば、性格は「ドラえもん」に登場する「のび太」で、体格は「ジャイアン」、そんな感じです。私自身、産婦人科医としてほんとに何千というお子さんをとりあげてきましたけれど、生まれた時は誰もが「うちの子一番かわいいわ」と思いますよね。そんな、誰よりもかわいい息子なんですけれども、診断は「広汎性発達障害」のなかでも自閉的傾向がひじょ

53

うに強く、特に言語・会話が苦手なタイプです。

河野　現在の様子からお話しください。

坂本　現在は単位制の高校に通っています。ピカピカの一年生です。エルベテークには年中よりお世話になりまして、国語・数学・英語を中心に学習しています。現在の学習指導は、数学は式の展開、方程式、因数分解などの基本、英語は中学1年生程度の文法です。国語は文章読解がひじょうに苦手なんですけれども、漢字は大好きで、エルベテークの先生に勧められて漢字検定を受けています^(＊1)。最近では高校生になり、理科・社会にも取り組み始めております。これが現在の息子の様子です。

■ 子育ての不安、現実を認めたくなかった自分

河野　毎日、元気に学校へ通っていて、学校が大好きな息子さんなんです。では、小さい時の様子からお話しください。

坂本　うちの子は早産児だったので、定期的に小児科に通っていたのですけれど、寝返りとか首のすわりとか、身体上の発達の遅れはありませんでした。でも、私たちを一番困らせたのは、特定の人からしかミルクを飲んでくれないことだったんです。そして、寝ない。これにはほんとうに困りました。それから、音に敏感。

　　仕事が終わって家に帰ってきて、私の母親と育児をバトンタッチするんですけれども、私や主人だと絶対ミルクを飲まないんですね。ミルクを飲まないで泣き叫ぶのです。「ミルクを飲まないと死んでしまうのではないか」「なんとかして泣き止ませなくては……」と私たちは必死でした。

　　仕事が終わって、帰宅。食事もしていないのに、主人はガラガラを振ったり、おもちゃを振りながらダンスをする。その様子にあっけに取られた息子が口を開けた瞬間に私が哺乳瓶をガッと入れる。「やっと飲んだ」と思ったら、安心する間もなく、げっぷをさせようとした瞬間に全部吐いてしまい、振り出しに戻る。そんな感じの、泣きたくなるようなことは毎回、毎日。「目と目を合わせて、ゆったりした雰囲気を心がけましょう。お母さんの心理はお子さんに伝わります」という育児書を傍目に、そして自分もそう信じてきた。でも、現実は違った。「だって目なんか合わないもん!」と心の中で毒づきながら。オムツのCMに出てくるような

優雅な哺乳ではなく、哺乳の毎回、毎日が闘いで、憂鬱でした。哺乳だけにとどまらずコミュニケーションのとれない息子の育児を手伝ってくれた私の母親も大変だったようです。

　最初は「子どもができたら、お母さんが全部見るから、あなたは仕事しなさい」と言っていた母からやがて、「あなた産みっぱなしだから、あなたのことなんて母親だと思ってないんじゃないの、この子」と言われるんですね。きっと「自分が思い描いていた孫育てではない」と母親も気づいていたんです。気づいていたんだけれども、どうしていいかもわからないし、八つ当たりする先は私のほう。後から思えば母親は私のように優秀な子しか育てたことがなかった（笑）と思うんです。だから育てにくい子どもの育て方がわからなかったし、受容できなった。

　私も息子がこれほどミルクを飲まない、寝ないということがこだわりだと思ってこなかったんです。「私の何が悪いのだろう？」と思ったくらいで、息子が何をしたいのか、暑いのか、寒いのか、お腹が減っているのか、ほんとうにわからなかった。

河野　やはり、母親として気になりますよね。

坂本　誰かに訊きたくなってしまうんです。それで、恐る恐る2歳児健診の時に小児科の先生に相談してみたんです。その時に言われたことは、「いまは脳のネットワークがうまく構築されていないバラバラの状態なんですよ。これは発達上普通にみられることだから心配ないと思うけど、お母さんがどうしてもって言うのだったら、そういう発達の療育園とか専門の施設を紹介してもいいですよ」と言ってくださった。

　私はその時に「あ、じゃあ、行ってみようかな」ではなくて、「『普通』って言ったじゃない」と思ったんです。頭の中では「どこか違うんだよね」と思っていても、認めたくなかったんです。「自分の子が、もしかしたらそういうところに通わなきゃいけないのかな」と思うことが怖かったんです。それで、うちの母親に向かって「小児科の先生、『なんともない』って言ってたよ」と鼻高々に言ったりしていました。でも、そんなことをしても、やっぱり状況は何も変わりませんでした。

■ 相談しながらも、不毛な時間を過ごす日々

河野　それから保育園に通われたんですよね？

坂本 私の母親も一人で孫の面倒をみることに悲鳴をあげましたし、私も「もしかして集団の中に入れたら何か変わるんじゃないかな」と思って、保育園に入れてみることにしたんです。でも、そこでわかったことは、うちの子は戸の開け閉めをバッタンバッタン繰り返したり、椅子をくるくる回したりすることだけ。ほかのお子さんとの違いが浮き彫りになるだけなんですね。それでもまだ「このままいけばなんとかなる」と思っていた。

　保育園からは「ほかのお子さんとタイプが違うからうちではお箸の練習もおむつトレーニングもお受けできません。もし心配だったら、ほかの保育園へ行ってください」と言われましたが、うちの田舎はほかに保育園なんてないんです。「どこに行けって言うの?」という感じでした。そんなふうに家庭も荒れているし、毎日毎日誰かに責められているような気分でした。

河野 息子さんの発達の遅れに気づいてから、どんなところにどんな相談をなさったのか、お話しください。

坂本 息子は自閉傾向が強い発達障害ですけれど、身体的な遅れがないのをいいことに、未就学時には病院に行って診断を受けることはしませんでした。受けなくても息子の精神的な発達の遅れは親の目には明らかでしたから。

　でも、認めたくなかった、「発達障害ではなくてまだ未熟なだけ」と思い込みたかったのです。主人に毎日、愚痴を言っても返ってくる返事は同じ。いまのようになんでもインターネットで検索する時代ではなかったですから。それらしいところ(*2)や発達相談みたいなところ(*3)を育児雑誌から拾って片っ端から電話をしてみたりしていました。本もいっぱい買いました。誰でもいい、とにかく「なんともない、大丈夫です」と誰かに言ってほしかったんです。その言葉が聞けるまで電話をしたという感じです。「じゃあ、『大丈夫です』って言われたら納得したか?」と言われると、今度は「放っておいちゃ、ダメだよね?」という気持ちがもち上がる、というひじょうに不毛な時間を長く過ごしました。

　勤務していた病院の小児科の先生にそれとなく状況を伝えて意見を聞いてみました。「バイバイする時、手のひらを内側に向けますか?」と訊かれました。「それって普通じゃないの?」ときょとんとした私に先生が1冊の本を貸してくださいました。発達障害の本でした。この本を貸すってことは「やっぱりそうか」とも「いや、本とは違って安心させてくるためじゃないの?」といろんなことを考えながら

も、しばらくは棚の隅に置いてました。

■ 具体的な方法を述べた本に初めて出会った

坂本　本はたくさん買いました。でも、なかなか読む気になれない。実は、最初に勤務先の先生からお借りした本もずっと開きませんでした。読んだら息子の障害が決定されてしまうようで。あの時、「『読む気になったら読んでください』ってこういうことだったんだ」と初めて気づきました。私がこの子の診断、特性を受容するのに時間が必要だったことを、相談にのってくださった先生はわかっていたんですね。

　「怖いけど、読んでみよう。この悲惨な生活が何か変わるかもしれない」、そう思って読み始めてはみたものの、必ず「何とか分類」「何とかスペクトラム」とややこしい言葉が並ぶ。「分類したら次は治療か?　対処方法か?」と思って読み進めると、「その子の気持ちになって」「無理をさせると二次障害 (*4) を起こしてしまう」「困ったら専門家に相談しましょう」。「ん?　これで終わり?　専門家って誰のこと?」と、私は結局、どうしたらいいのかわからないままでした。

　「結局、どの本も同じだな」と思い、積み上げてあった本を断捨離することにしました。捨てる前にいちおうペラペラと目を通していくと、1冊の本に目が止まりました。その本には「障害」と書いていないんですね。その代わり、「発達の遅れの課題」と書いてあった。私はその時、「障害」という言葉にすごく過敏になっていたので、見たくなかったんですね。絶望的な感じがしたのですごく嫌だった。その本は「障害」の代わりに、「発達に遅れがある」と書いてあったので、そのぶん、ちょっと気持ちが楽になりながらページをめくると、写真が出てきました。写真のところだけ拾い読みする感じで読んでいくと、「口を閉じさせる」とか、「目を見る」とか、具体的な方法が書いてあるんですね。「あっ、初めてこんな本に出会った」とびっくりしました。それが河野先生がお書きになった『発達の遅れが気になる子どもの教え方』という本だったんです。

河野　本の特にどの部分に共感されましたか?

坂本　その本に書いてあったことは、「いけないことはいけないんだとちゃんと教える」。その具体的な方法が書いてある。そこでひじょうに感銘を受けて、本を

読み終えると同時に電話したんです。それがエルベテークとの出会いです。

■「いまやらなくてどうするんだ」と言い出したご主人

河野　その後、家庭での考え方や接し方はどのように変わられましたか?

坂本　「発達の遅れをかかえる子もそうでない子も身につけさせたい力は同じである」という言葉と、「いけないことはいけないんだ」という教育方針に触れて、私よりも主人がまったく変わりましたね。

　この本と出会う前は、主人は「君が騒ぎすぎなんだよ。好きにしろ」と言いながらも息子のことを気にもかけている状態で、私はもう諦めムードという状態の時でした。主人は、「自分の子をどうにかしたい」という気持ちが強く残っていたものの、いままで出会った教育方法、たとえば「子どもの気持ちになって」というところに疑問を感じていた。もちろん「子どもの気持ちに寄り添う」ことは大事だけれど、私が最初に読んだ本には、「子どもが癇癪を起こして道路に寝っ転がったら、子どもの気持ちになって一緒に寝っ転がりましょう」と書いてあるですね。うちの主人はそこで悩んでいたみたいです。

　それが、「やってはいけないことはやってはいけないんだ」の一言でまったく変わった。「人間の子どもなんだよね。犬だって『やってはいけないことはやってはいけない』と教えているだろ。自分の子どもに教えないでどうするんだよ」と主人が言い出し、さっそく仕事の合間を縫ってエルベテークの相談会に出かけました。

河野　そうでしたね。遠方からおいでになられた。

坂本　エルベテークの教育方針に賛同したものの、うちの田舎から教室までは片道３時間かかるんです。外来もあるし手術もあるし、夜中に呼び出されるし……。正直に言えば、それまでの私は旦那よりも子どもよりも、医者という自分を優先して生きてきたので、患者さんをほっぽり出して通うというのは考えられず、「通うのは無理」と思ったんですけれど、主人が「勤務形態を変えてもらおうじゃないか」と言い出したんです。私に負けず劣らず仕事人間で、私のお産の時にも私をほったらかすような主人がそんなことを急に言うんですね。

　それまでは「君が好きにしたら」と言っていたのが、「『鉄は熱いうちに打て』

じゃないけれど、『いま、学習をやらなくてどうするんだ』って気がするんだ」と私に向かって言うんです。うちの主人は時々いいこと言うんですが（笑）、私たちは「いつかこの子がちょっとでも手が離れたら仕事は倍返ししよう」と決めて、息子を通わせることにしました。お給料が減ることも、たぶん周りの理解も得られないことも、私たちが悪者になることも覚悟しました。

■「あ」の一文字も書けなかったところからのスタート

河野 相談会にいらっしゃった時の感想はいかがでしたか？

坂本 うちの息子は当時、年中でした。最初にお伺いした時に、アンケートにできることやできないことを書いて提出したのですが、ほんとに何もできない。2ピースのパズルもできないし、「あ」も書けないし、「あ」も「お」も認識できない。

　ところが、初めての面談の日に、私が涙ながらに訴えるその横で、指導を受けているうちの息子はちゃんと座っているんですね。だから、「えっ」と思った。いつもみたいに「キー」とか「ギャー」とか言わないし、ヘラヘラ笑ってもいないし、姿勢がぶれたり、トントンとたたきもしないし……。

　見ると、ピアノ用の椅子に座っていたので、「こういう重たい椅子に座らせるのが秘訣か」と思って、河野先生に「素晴らしいですね、こういう椅子を使うといいんですね」と申し上げたら、「いや、別に椅子なんかなんでもいいんですよ。坂本さんがこの椅子を気に入ったのなら持って帰ってください。どうぞ」なんて言われてしまいました。「どの椅子でもうちに通っている子たちは離席しませんし、体を揺することもありません。きちんと座っていますよ」というお話でした。

　うちの息子の姿勢は、それまではひょろひょろと動いてしまう状態だったんですけれど、その時は微動だにしない。あの姿を見たのは、ほんとに初めて。やってはいけないことについては先生の「しません」の言葉で終わりでした。また、息子がいいことをした時もいままでの先生みたいに「すごいじゃないの」とか大げさに言わずに、ふつうに「それでいいです」だけ。なんとも物足りない感じがしましたが、そういう淡々とした対応を続けていながら、うちの息子はじっと座っていたという状況でした。

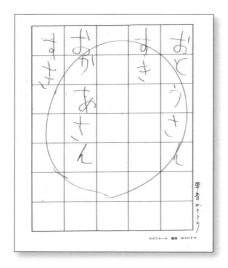

小学校入学の頃のひらがなの練習

■「学習を続けていくとできるようになる」という実感

河野　その後、坂本さんはご家庭で一生懸命学習に取り組まれました。大変だったと思いますが、最初に大事にされたポイントはどんなところでしょうか？　学習の効果を実感された、忘れられないエピソードがありますよね。

坂本　忘れられないエピソードは2つあります。エルベテークに通い始めてはみたものの、教室へ向かう息子は独り言も言わない。騒ぎもしない代わりに、足取りは牛歩のごとく。教室ではどうしてもまっすぐに線が引けない。3画めに鉛筆が進まなくて、ひらがなの「あ」が書けない。数字の「2」が書けない。先生は淡々と書かせ続ける。息子は黙ったまま指示に従う。でも、書けるようにならない。私はとっくに諦めムード。

　そんなある日、お迎えに行きますと、担当の先生が「『あ』が書けました。いつもはこうしてここで止まるんですけれど、今日はすっと行きました!」と、身振りをしながら報告してくださいました。「あ」にどれだけの時間を要したのでしょう。そして、「『あ』が書けたって、そのあとはどうするの?」という私の不安を吹き飛

ばすような、二人のすごく誇らしげな表情を私は一生忘れることはないと思います。

　２つめは、家庭でのことです。意味のある言葉がほとんどなかった息子です。おうむ返しばかり。当然、「名前は?」と訊けば、「名前は?」と答えます。そんなある日、風呂場から「おーい、来てみろよ」と声がするので行ってみると、茹で蛸２匹。茹で蛸１の主人が「お名前は?」と訊くと、茹で蛸２の息子が「さかもとゆたか、でしゅ」。初めて聞いたおうむ返しではない言葉でした。

　主人が教えていたのは知っていましたが、いっこうに答えられるようにならないことも知っていました。でも、主人は「繰り返し繰り返しやればできるようになるよ」と黙々と、教室で教わったように目と目を合わせて指示を出し続けていたようです。ここでも茹で蛸２人は誇らしげでした。「家庭にいる人間が同じ方向を向いて同じ教育方針でやっていこう、私一人諦めてしまってはみんなの足を引っ張ってしまう」と実感しました。「私ひとりぼっちじゃないかもね。家の中も外にも味方はいるんだね」、そんなふうに思えた瞬間でした。

河野　坂本さんがおっしゃいましたけれど、なかなか視線が合わない。だから、しっかり見ていない、聞いていない。そこをご主人が一生懸命練習された。息子さんのほうも父親の口元を見ながら一生懸命真似をするようになる。いろんなことをきちっと見ることができるから、少しずつ覚えていき、名前もだんだんわかり、物と言葉が一致していく、そういった成長をされていったわけです。

■ 集団生活の力が大事だと考え、普通学級へ入学

河野　いよいよ小学校入学ですが、いろいろとご苦労なさいました。言葉を話せない、覚えられない、理解できない、読んだり書いたりできない、そんな大きな課題があり、なんとか息子さんに力をつけてから小学校で学ばせたいという気持ちで就学猶予を選択されたり……。小学校の入学までの経緯をお話しいただけますか?

坂本　小学校入学の前、保育園の怪しい子は目をつけられて、教育委員会から教育相談の呼び出しが来るんですね。その席で私は先生方から「通常学級で何をさせるつもりです?　こんな子に」と言われました。よそ様から「こんな子」と言われたことがなかったんですが、教育委員会の先生が「こんな子に?　どうやっ

て繰り上がりの足し算を教えさせるんですか？　覚えられるわけがないでしょう。漢字を覚えられると思います？」っておっしゃるんですよね。「通常学級というのは学習させるところなんですよ。お子さんのためにもならないし、周りも迷惑なんです。だから発達障害があるお子さんは特殊学級とか特殊学校、特別支援学級、養護学校へ行ってください」と強く勧められました。

　私たちは勧められるままに特別支援学級に見学に行きました[*5]。特別支援学級を否定するつもりはまったくありません。みんな一生懸命でした。ただ、その時の私たち夫婦の方針としては、この時期にと言いますか、早期に通常の発達をしているみんなの中に入り、「自分はどう過ごすべきなのか」ということを学んでほしいと思ったのです。学区も違いましたので、お友達はいません。「他のお子さんに迷惑をかけてしまわないだろうか？」「いじめられないだろうか？」と葛藤したことは言うまでもありません。教育委員会の方と何度話し合ったことか。話し合いの日時に「その日は仕事が」と言えば、「仕事とお子さんとどっちが大切ですか？」と言われます。「仕事です」と応えたくなることもしばしば（笑）。

　結局、1年間の就学猶予を経て[*6, 7]、「毎朝、登校してから帰るまで誰かが付き添うという条件の下でなら通常学級に行ってもいいですよ」という許可をいただきました。しかも、学校がなかなか決まらず、結局、歩いて数分で行ける通常の学区の学校ではなくて、教育委員会が勧めた、車での送り迎えが必要な遠くの学校になりました。

　そんな感じで小学校が決まったんですけれど、テレビでは楽しそうなランドセルのＣＭやおじいちゃんおばあちゃんが机を買ってくれるというＣＭをやっているのに、うちはぜんぜん楽しくない。就学猶予を受けたせいかわかりませんけれど、入学式当日になっても学校から連絡がなく、持ち物がわからないし、うちの分だけ胸につけるお花がないんです。そんなみじめな学校生活を始めました。

■ 親の努力と子どもの成長が学校を変えていった

河野　やはり、学校で学んでいくのにはまだまだ難しい部分がありました。そんな状態のなかで学校と話し合って通常学級のほうへ進まれたことについてご苦労がありましたけれども、学校の先生方の理解と協力を少しずついただきながら進んだともお聞

きしていました。

坂本 1年生の時は担任の先生にご理解いただけることは難しかったように思います。ある日、息子は真っ青な顔をして、リスの頬袋みたいにほっぺを膨らませて帰ってきたんです。びっくりして吐き出させるとニンジンが出てきました。学校では「給食は残さず食べましょう」という取り組みをしていました。息子がニンジンを食べるのをためらっていると、担任の先生がニンジンを息子の口の中に詰めた。出すと怒られてしまい、もう一度口の中に入れられた。怒られるのが怖かったのか出せない。でも、どうしても飲み込めない。そこでほっぺの中に貯めたようです。

　ちょうど付き添いの人が見ていなかった時の出来事で、お友達が教えてくれました。担任の先生は次の日、「あれは教育ですから。皆同じにしています。それがご希望ですよね。個別対応がよければ、僕は手一杯ですから、特別支援学級へ行ってください」と言われました。もう何も言えませんでした。「私たちが間違っていたのか？」と悩みました。

河野 担任の先生は「息子さんの好き嫌いをなくしたい」という気持ちだったと思います。給食にも時間をかけてくれていたと坂本さんから聞いています。でも、息子さんはなかなか好き嫌いを改めることができなかったので、その後はお家でも好き嫌いをなくすように練習され、ニンジンはどちらかというと好きではないけれども、形があるまま食べられるようになっていますね。

坂本 学校では、しばらく付き添いの人と息子だけの二人きりで過ごしている時間が長く続いたと思います。「せっかく通常学級に入れていただいたのに、このままではなんにもならない」と困り果てて、またエルベテークに相談させていただきました。その時、エルベテークからは、「学年の委員、環境委員でも何委員でもいいですので、積極的に引き受けてみてください。そして学校とコミュニケーションを密にとって、学校になにか伝える際でも敵対関係をつくるのではなく、『こちらもやっています』という姿勢を見せて、信頼関係をつくっていくようにしてください」というアドバイスをいただきました。

河野 そうですね。その後の切り替えが良かったですよね。

坂本 仕事しながら役員をやるのは楽ではなかったですけれど、徐々にママ友もできてきました。また、「目！」とか「口！」とかの私の指示の出し方をクラスの友

だちも真似してくれるようになりました。そういう子どもたちの受け入れと、学習面ではエルベテークの指導によって着実に進んでいったんですね。かっこよく言えば、息子の努力と親の努力が学校の先生を変えていった、そんなふうに思います。

■「まるで猛獣使いですね」

河野　息子さんも息子さんなりに手応えを感じて、努力されましたね。

坂本　その頃、息子は怒ると「キーッ」と言って服を噛む癖があったんです。ある時、学校の先生が「服を噛む代わりにハンカチを噛ませてください」ってアドバイスくださったんですね。「いいこと聞いたな」と思って、エルベテークにハンカチを持たせていきました。そして、息子が「ギャーッ」と言って服の代わりにハンカチを噛んだところ、エルベテークの先生からは「ハンカチは噛むものではありません。しません」と一喝でした。私は「こりゃまずい。ゆたか、大爆発だ」と思ったんですけれど、息子はだまってハンカチを元に戻したんです。

　私が「先生、まるで猛獣使いみたいですね」と言ったくらい。「しません」の一言で変わるなんて思わなかったのに、ぐっと目を見て「しません」。息子としてはものすごい努力だったと思うんですけど、ハンカチをしまうと、先生は「それでいいです」。私は「それだけ？　もっとほめて」と思うんですけれども、「それでいいです」だけ。それだけなんですけれど、だんだん息子はやらなくなったんです。そういうふうに教育を受けていました。

河野　当初、学校との関係はあまり良くなかった坂本さんですが、少しずつ学校の先生と信頼関係を築いていくように努力され、先生方にも協力していただけるようになった。あれは何年生の時でしたか？　「もう一度、一緒にやっていきましょう」とおっしゃった先生は？

坂本　3年生の時だったんでしょうかね。

河野　そういう努力によって、ほかの先生方にもわかっていただけるようになった。

坂本　そうですね、3年生のころにはほんとにかわいがっていただけるようになりました。体育祭は徒競走などがあってものすごく苦手なんです。うちの息子はのそのそ歩いているのか走っているのかわからない動きなので、もちろんビリなん

64

ですけれど、最後のゴールのところになったら一人フルマラソンみたいな拍手が起きてきたわけです。みんな拍手してくれて、その中で私は抱きしめようとゴールの近くに行ったら、私の前に担任の先生が飛び出していって、息子を抱きしめたみたいなことがありました。ほんとうにお友達も息子の首に自分が取ったメダルをかけてくれて、一緒に喜んでくれました。ありがたいことに、お友達は自然に息子を受け入れてくれ、いじめを受けたことはありませんでした。3年生くらいまでは時間がかかったと思います。

河野 謙遜されていますけれど、大事なことは本人が努力して成長し、そして親自身が手応えを感じることだと思います。それによって、先生方もその成長・手応えを感じていくのではないでしょうか。

■ 中学校から特別支援学級へ、その後の進路

河野 そして、中学校入学ですね。中学校は、学校と話をされて特別支援学級を選ばれたんですけれども、その経緯とそれからの様子をお話しいただけますか?

坂本 中学は付き添いが認められなくなりました。それが特別支援学級を選んだ大きな理由です。他人のせいにするわけじゃないんですけれども、教育委員会の先生方から「特別支援学級にいけば個人に合わせた教育が受けられる。ぐっと発達が伸びますよ」というお勧めがありましたので、「そこまで言っていただけるのだったら、特別支援学級に行って勉強して、ぐっと伸ばしていただこうではないか」と思ったんです。「付き添いもいらなくなったし、これでちょっと楽になるかなあ」なんて思いながら特別支援学級へ進みました。

最初の面接の時に今後の進路について訊かれたので、私から「特別支援学級にいらっしゃるお子さんたちは、どの進路をとっていらっしゃいますか?」とお尋ねしたら、「特別支援学校の高等部に行くんですよ」とおっしゃいました。そして、「たとえば普通高校ですとか、就職するのだったらどんな高校ですか?」ともお訊きしたんですけれども「知りません」。要するに、私たちが通っている地域では離れたところにある特別支援学校の高等部へ進むケースがほとんどだったようで、私たちのように「ほかの選択肢を教えてください」と質問したケースはいままでなかったそうです。

河野　高校を選択される際にはいろいろ検討されましたね。

坂本　私たち夫婦は、息子が小学校の時から「この子、何が得意なのかな？　土いじりなのか、パンづくりなのか。絵描きになりたい？」とずうっと探してきました。そんなふうに探したけれど、テレビで見るような長けた才能は残念ながら見つからなかったんですね。土いじりも嫌い、動物も嫌い、絵を描くのも嫌い。結局、何が残ったかというと、うちの息子は学習が大好きだったんです。得意というレベルではぜんぜんないですし、すごく時間はかかるんですけれど、一生懸命にやる。

　「じゃあ、この子は学習なのかな」と思って、先生に「いますぐ就職しなくても、普通の子が普通に高校を考えるように、この子でも普通の高校へ行かせたいんです」というお話を率直にしたら、「は～？」みたいな感じでした。そして、夏休みに入る前に学年主任の先生が来られて「どうですか？　お気持ち、変わりましたか？　1学期見ていましたけれど、おたくのお子さんは思ったほど伸びていませんよね。だから、高校進学はありえないと思います。高校へ行っても幸せになれないと思います」とおっしゃるんですね。

■ 学習に理解ある先生との出会い

河野　なかなか学習、特に家庭学習の意義が先生方に理解されませんでしたね。

坂本　確かに学習もそんなに進んでいるわけではなかったんです。中学校の授業では40分の中に国語と算数が20分ずつという「国算」という不思議な単元があるんです。私としては「うちの息子はただでさえ習得に時間がかかる子なのに、3年間同じ教科書を使って、どうやってこの時間で学習を進めていけばいいのか」という気持ちがありました。反対に、授業では息子が苦手な農作業なんかをしっかりやるんです。

　私が「学習をさせたい」と言うと、学校側から必ず言われるんですね。「こんな子に無理させて」と。また「こんな子」ですよ。「こんな子に無理させてどうするんですか、お母さん。お母さんが見栄で高校に行かせたいんじゃないですか？」。私が「そうじゃないんです。息子はどうも勉強が好きみたいです」と言ったら、「勉強好きといったってこのレベルですよ」と返されると、そこからは「そうですよね、

すみません」と涙になっちゃうんですけれど……。

　ある時は、「息子さんにストレスをかけてどうなると思います？　お母さん、二次障害ですよ、二次障害！　どうします？」とおっしゃるので、「うちの息子は土いじりがとっても苦手で、美術で使う糊も嫌がるんですけれど、それは免除していただけますか？」とお訊きしたら、「それはカリキュラムだからできません」という返事でした。好きな勉強は無理させちゃダメで、嫌いな農作業と美術は無理させてでもやらなきゃいけない……。「それが個々に合わせた学習方法？　特別支援のやり方なのかな？」とそんなふうに思っていました。先生方に「幸せになれない」とまで言われてしまうと、「高校に行きます」って言い出せませんね。

河野　そのうちに、教科の先生が次第に理解してくれるようになり、状況が少しずつ変わりましたよね。

坂本　学校が勧める特別支援学校高等部に見学に行ったんですけれど、そこでは1、2年生の時には机に向かう時間が1日を通して1時間あるかないか。3年生になったらゼロ。「名前を鉛筆で書くことすらしません」と言われました。ひたすら実施訓練と就職にむけての実地訓練をしている学校だったんですね。そこ1か所しかなかったんです。そこでも、先生は「学習を望むのだったらうちには来ないでください。時々、そういう親御さんはいらっしゃいますけど、学習を望むならここではないですよ」って言うし、ほんとに困りました。

　「ここはもう学習の力を伸ばすしかないかな」と思い、またエルベテークにご相談させていただいたんです。「担任の先生ではなくて教科の先生とお話ししてください」というアドバイスでしたので、各教科の担当の先生とお話しさせていただける時間をもちました。実は、それが大きな転機になりました。

河野　ほんとうにそれから良い方向へ進みました。

坂本　教科のある先生が理解を示してくれたんです。その先生は「学習というのは、なにもお金を計算すればそれでいいというわけじゃないんですよ、お母さん。私たちは生きていくための手順とか手段を覚えるために学習という方法を使っていくものなんです。一緒に頑張りましょう」って言ってくださった。

　「教科書の単元のこの部分だけやり、枝葉は捨てましょう。この部分だけは、いついつまでにできるようにしましょう」という目標を立てて、課題を与えて少しずつできるようにしてくださった。家で学習した結果をフィードバックするというこ

とを繰り返してくださったんです。それによって私たちは、学校でやっている内容がわかるようになりました。「ある程度までいけば、次はこの勉強をする」という見通しが立ち、親としての焦りがひじょうに減りました。

　英語についても同じように繰り返し繰り返し勉強しました。最初は主人に叱られて泣きながら勉強していましたけれど、自分から机に向かって学習を始めるようになりました。私が「やりなさい」と言うのではなくて、学校から帰ってくると自然に「宿題」「課題」と言って、机に向かって勉強します[*8, 9]。

■ 「ああやってやらせればできるんだということが初めてわかりました」

河野　息子さんは英語が得意でしたよね？

坂本　その努力が認められたのかわかりませんけれども、ある時、英語の単語のテストで 100 点をとってきました。通常学級と同じテストの内容なんですが、100 点をとってきた。その時に英語の先生が他の学級、通常学級でテスト答案を返すと時に、「『まあ、ゆたかくんは 100 点だったけどね』って言ってやったんですよ」って。「彼らにもいい刺激になったんじゃないかな。私も鼻高々ですけどね」なんて言ってくださったのが、点数よりもうれしかった。

河野　担任の先生方、また教科の先生方の協力も得ながら中学校生活を送られたわけですね。そして、進学に当たってなぜいまの高校を選んだかというと、中学校の先生方にも応援してもらったというのが一番大きいと聞いております。どうでしょうかそのへんは？

坂本　そうですね。最初は「ここにいても幸せになれない」と言われたんですけれど、息子の努力と教科の先生たちの努力が少しずつ形になって見えてきて、先生たちも「こういう子ってやればできるんだな」と変わってくださった。「いままではなんとなくやらせてバッテンをつけて終わり、という感じだったけれど、どうするとできるようになるのかとか、ああやってやらせればできるんだということが、私たち初めてわかりました」「私も彼の誇らしげな表情を見ると『協力しよう』という気になります」と言ってくださった。

　そこから担任が校長先生も巻き込んで、息子が進学できる高校はないのかとずいぶん前向きに考えてくださり、やっと受験にたどりつくというような状況でした。

68

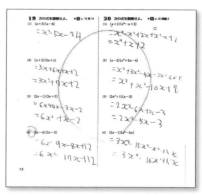

英語と算数のテスト（中学3年生）

河野　高校へ進学させようと思った理由はなんだったでしょうか？

坂本　高校へ進ませようと思ったのはやはり学習を通じて生きていく手段を身につけさせたいという気持ちが強かったからではないでしょうか。

■「学習を続けさせていなかったら言葉を話せなかった」という実感

河野　現在の特別支援教育に対するお気持ちお聞かせくださいますか？

坂本　この発達障害という分野に関して思うことは、「発達障害」「ADHD」「自閉症スペクトラム」と分類をしたその先が大切であるということです。一般的な疾患の場合は、症状から検査を組み、診断をつけ、まずはガイドラインに沿った治療を提案する、という流れがあります。でも、この分野に関しては、残念ながら薬物療法を含め治療法は確立していないと言われています。それだけほんとうに難しい領域なのだと思います。

　いま、大人の発達障害も盛んに取り上げられています。その中では「診断してもらってほんとうに楽になった」という声をたくさん聞きます。ですから、「診断するのが悪い」と言っているわけではなくて、その診断したあとはどうやって社会に適応していくか。子どもであれば、「この子をどのような道に導いていかなければ

69

ならないのか」を考えなくてはいけないと思うのです。相手を知ること（診断を
つける、分類すること）は大切。相手を知ったならば、その先を考える。そのた
めに「個々に合わせた」指導や援助が必要になると思うのです。

　「できない子」というレッテルを張るために診断があるのではないと思います。
いまは私の時代と違って情報が溢れている。そのため「どれを信じていいかわか
らない」ということもあると思います。支援センターも徐々につくられてきていま
す。支援センターにもいろいろな考え方の指導者がいると思います。ぜひ、めげ
ずに子どもを導いていくにはどの方法がいいのか、話し合ってください。「個々に
合わせた支援」をした先にこの子はどう成長していくのかというビジョンを描いて
……。

　箱をつくるだけでなく、そこで学んだ子どもたちがどう成長していったのか、評
価される時代になってきたようにも思います。その子たちがきっと新しい道をつ
くったり、選択肢を増やしてくれたりすることを願っています。困っている方々が
どうか私のように「専門家に相談しましょう」で終わってしまう書籍や情報に落胆
し、長い不毛な時期を過ごさなくて済むように (*10)。

　私の息子は他のお子さんが1回でできることも100回やらなくてはできるよう
にはならないけれど、100回やったらできるようになる子です。といっても、毎
日泣いて怒って、めげていますが……。

河野　ありがとうございます。産婦人科医という医者の立場で日頃思っていることに
ついてお話しいただけたと思います。ところで……。

司会　いま、お話しにも登場された、息子さんの子育てを支援されたご主人もい
らっしゃっていますので、少しだけ対談に参加していただこうと思います。

坂本（父親）　すみません。怒鳴ってばかりのだめな父親です。よろしくお願いし
ます。

河野　父親の立場から息子さんの子育てを通して感じたこと、感じていることについ
てひと言お話しください。

坂本（父親）　私が一番感じていることは、「息子に学習を続けさせてよかった」
ということです。なぜなら、学習を続けさせていなかったら息子は言葉を話せな
かったと思うからです。小さい頃、「寄り添って好きなようにやらせるのが一番だ」
と言われて教育していた頃は、騒ぐ時の息子はまるで獣でした。気に入らないこ

とがあれば叫んで、気に入らないと嚙んで、泣いて……。何度叱ってもわからない。動物を育てているような感じでした。

　だけどもいまは言葉で「これ、こうするよ。あれ、ああするよ」と言えば、ちゃんと従うようになりました。ただコミュニケーションはまだまだ不足していますけれども、それでも言葉を通して行動できることがたぶん社会性を身につけるうえで一番大事なことなんじゃないかと思っています。

河野　ありがとうございます。みなさんもぜひ知っておいていただきたいのは、発達上の課題や遅れがあろうがなかろうが、子育てや指導の基本は一緒だということですね。言葉の理解ができたらどんなに教えやすいか。もし言葉がわからず話せなければ、教えることは大変だろうと思います。そんなことを理解し、坂本さんご夫婦は連携しながら努力されているわけです。そのためには、学校の先生方とも連携して、協力してもらえる関係をいかにつくっていくかがポイントだと思います。

　そして、お話にあったように何十回も練習され、その結果として、「ひらがなも漢字も書けない」と言われていた息子さんがいまでは因数分解までやっているわけです。手順、約束、ルールを身につけて、指示に従って家庭でできるという習慣をつくることが、これから社会の中で仕事をやっていく可能性を高くすると思います。

　奥様はご主人に対しても率直にお話しされましたけれど、ご家庭でスクラム組んでいる、とても仲のいいご夫婦です。子育てが効果的に進む秘訣のひとつでもあるのではないかと思います。

（第16回/2019年6月22日）

03
坂本さん

高校1年生の母親

2020年のコロナ禍による休校期間に
自宅で書いた色紙

【補足情報】

同じく坂本さんが講師を務めた第7回（2017年10月7日／当時中2）の体験発表から

＊1　エルベテークの先生が『8級満点をめざしてください』とおっしゃるんで、半信半疑でしたが、ほんとうに満点近くとってきました。初めてのことでしたから、『すごいんです。ほとんど満点なんです』と言ってエルベテークの先生にほめてもらえると思ったら、『満点じゃないんですね。どこを間違えましたか？』と、またやり直しのプリントをもらったりしました。でも、一般の子がめざす検定にチャレンジする、そしてそのチャレンジを学校が認めてくれたというのは『いままでの成果が少しずつ見えてきたからなのかな』というふうには思っています。今度7級をめざします。

＊2　「おかしいんです、おかしいんです」と言ってミルク会社の夜間コールセンターに電話をかけてみたりしました。

＊3　相談センターみたいなところへ電話して、「それ普通です。そんな子、いますよ」と言ってほしかったので、それが聞けるまで休憩時間になればご飯も食べないで電話する日々を繰り返しました。

＊4　二次障害についてはいろんな本に書いてありますけれど、うちの息子に関してはありません。あれだけ主人がうるさく言っていますけれど、息子は主人が一番好きです。愛情ある怒り方だったら、二次障害にならない気がします。

＊5　勧められるままに特別支援学級を見学したら、子どもたちは床に寝転がっている。プリントをやっている最中で離席して笛を吹きに行く子どもに先生は、「そうか今度は笛が吹きたくなったんだね。えらいね」とおっしゃるわけですね。そして、毛布かぶった子が出てきて「やきそば」と言うと、先生は「やきそばが食べたいんだね」。そんなふうな、私も以前は家でやっていた光景が延々繰り広げられていましたが、支援級の先生たちは自慢げに「無理をさせないからのびのび育って、こんなことになるんですよ」と。

　　　「やきそば」と言ったのは当時小学校4年生くらいの子でしたが、その子どもについて先生は「この子はここに来た時には喋れず、ようやく言えるようになりました」。4年かかって「やきそば」ひとつなのか、それが私の正直な気持ちでした。支援級の先生はすごく立派なことをしたようにおっしゃるんですけれど、私は「この環境に入れたくない」と思ったんですね。いままで苦労してきたのに、その苦労がこうなってしまうの……、それがとっても寂しかったんです。

＊6　就学猶予を受けるには医者の診断書が必要になります。当然、身内は書けませんが、私たちの地方では「なんとか病院のなんとか先生の診断書をもらってください」ということでした。たしかにその先生は立派な先生で、うちの地方では第一人者なんです。でも、セカンドオピニオンがこれだけ大々的に言われている世の中で、「特定の先生しかだめ」ということはありえないと思いました。結局、別の病院で診断書を書いてもらい、申請にこぎつけました。都会ではそんなことはないのかもしれませんし、うちの地方も変わったかもしれませんが、そこはなかなかクリアするのが大変で、ブラッ

クボックスというか医療と教育の素人が踏み込めない（立ち入ることの許されない）部分なのかなと私は思っています。

＊7　**坂本**　あの1年がなかったらぜんぜん違ったんだろうなと思います。具体的には文字と着席ができたことでしょうか。あとは簡単な指示が通るようになりました。そういう誰でもできるようなことができるようになったというのが大きかった気がします。

　　　河野　行政のほうも悪気があって言っているわけじゃなくて、発達面で遅れている子どものために特別支援学級や特別支援学校があり、就学猶予があるというシステムだったわけですね。坂本さんの場合、あの状態のまま息子さんが小学校に入っても「何をしに小学校へ行くんだろうか？」という状況になっていたと思います。就学猶予を選ばれ、大半の方は途中でめげてしまうところを坂本さんは頑張られたところが素晴らしかったと思います。

＊8　たとえば、「代入」という言葉をうちの息子はわからないですし、混乱します。エルベテークの先生に家庭学習のやり方を相談すると「代入という言葉を使ってください。少しずつ手順を教えていくとわかるようになります」でした。そういうふうなやり方で言葉の理解が進みましたね。

＊9　エルベテークのプリントや宿題を見ると、すごく緻密につくられているんです。国語であろうが、英語であろうが、これを学習したらその力を利用して次はこれを学習していくというように筋道が計算されてつくられている。

＊10　人間として学習の場を与えられる権利がないのはおかしいなと私は思ったんですね。私が生んだのは動物の子ではないですから。人間はやっぱり知識を得てなんぼだと思っているし、私は本を読む喜びとか知識を得る喜びを知っている。それがうちの息子にないのはすごく悲しいと思ったんです。ですから、学習をさせてあげたかったという気持ちはあります。もちろん、九九ができてお買い物ができたらいいけど、それだけではないと思いますね。学習ができる、積み重ねて学んでいける、そうした特別だけど普通の子と同じ教育を与えてあげられるように何か工夫が必要なんです。それが特別支援教育のあり方だろうと思います。

03

坂本さん

高校1年生の母親

成長のフローチャート／森田くん

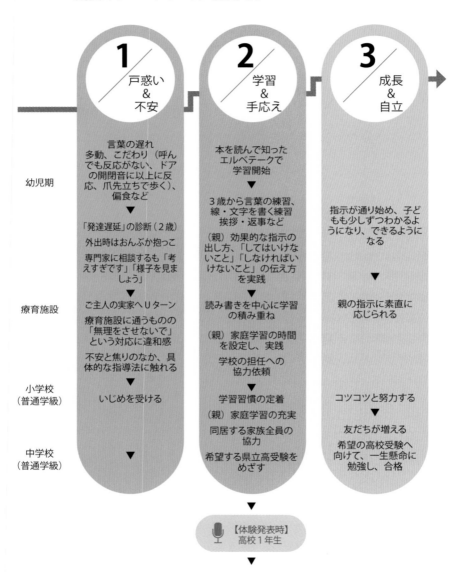

1 ／戸惑い & 不安

2 ／学習 & 手応え

3 ／成長 & 自立

幼児期

言葉の遅れ
多動、こだわり（呼んでも反応がない、ドアの開閉音に以上に反応、爪先立ちで歩く）、偏食など
▼
「発達遅延」の診断（2歳）
外出時はおんぶか抱っこ
専門家に相談するも「考えすぎです」「様子を見ましょう」
▼

本を読んで知ったエルベテークで学習開始

3歳から言葉の練習、線・文字を書く練習 挨拶・返事など
（親）効果的な指示の出し方、「してはいけないこと」「しなければいけないこと」の伝え方を実践

指示が通り始め、子どもも少しずつわかるようになり、できるようになる

▼

療育施設

ご主人の実家へUターン
療育施設に通うものの「無理をさせないで」という対応に違和感
不安と焦りのなか、具体的な指導法に触れる
▼

読み書きを中心に学習の積み重ね
（親）家庭学習の時間を設定し、実践
学校の担任への協力依頼

親の指示に素直に応じられる

▼

小学校
（普通学級）

いじめを受ける

学習習慣の定着
（親）家庭学習の充実
同居する家族全員の協力
希望する県立高受験をめざす

コツコツと努力する
▼
友だちが増える

中学校
（普通学級）

▼

▼

希望の高校受験へ向けて、一生懸命に勉強し、合格

▼

🎤 【体験発表時】
高校1年生

▼

【現在 高校3年生】ボランティア活動にも参加する、真面目で穏やかな性格
共通テストを受け、大学受験へ向け奮闘中

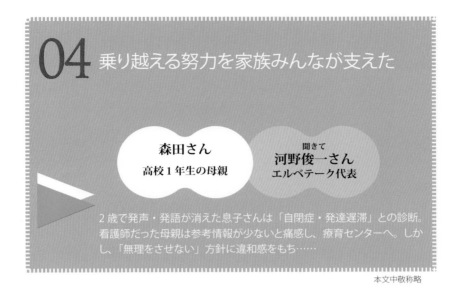

■ ボランティア活動に熱心な高校 1 年生

河野　現在、森田さんは福岡にお住まいですけれども、息子さんは小さい時から私たちの教室に通われました。通い始めた当時、茨城県にお住まいでした。自閉症とか発達遅滞とか言われ、言葉の遅れなどの課題をいっぱい抱えていらっしゃったんです。しかし、いまは優秀な県立高校の 1 年生です。息子さんの最近の様子を話していただけますか?

森田　福岡では朝課外というのが 7 時半からありまして、それに間に合うように家を出るのが 6 時半です。通学に 1 時間かけています。朝も早いですし、夕方 5 時まで授業があって、週に 2 回、部活動もありますので、帰ってくるのは夜の 7 時、8 時。中学とは比べものにならないほどの膨大な学習量です。4 月から 6 月くらいまではヘトヘトの状態で過ごしていました。それでも、息子は「学校へ行きたくない」と言ったことはなく、「学校に行く」と決めて頑張って生活しています。

　授業はついていくのが精一杯という感じではあるんですけれども、もともとボランティアに興味があるようで、いま科学部と兼部でボランティア部に所属しております。月 1 回土曜日、小学生に算数を教えるボランティア活動をしています。この夏は「こども未来博」という市が主催するイベントのスタッフに自分から情報を

集めて応募したりしています。本人なりに考えた行動をとっています。

河野　進学高校なので、学習が大変ですよね。ゆっくりしたい土曜日に近くの小学校へ行ってボランティアで算数を教えたりしているそうですが、2歳前後から大変な不安をもっていらっしゃいました。幼児期の様子と不安についてお話しください。

■ 同じ子育てをしたのに上の子どもたちとは違う幼児期

森田　1歳半までは笑ったり歩いたりしてまったく心配もなく、三人兄弟の末っ子で上二人（長男や長女）となんら差のない成長をしていました。ところが、1歳半健診のあと、突然、表情が乏しくなって「あ」とか「う」とかの発声・発語が消えたんです。目が合わないし、動き回るようになって、呼んでも振り返らないし、「なんだろう?」と思っていました。どうしても上の子たちに手がかかったので、「なんとかなる。この子はこうなんだろうな」と思って、あまり気に留めていなかったですね。

　でも、三人とも同じふうに育てているつもりなのにこの子は違う。寝る前に本を読み聞かせすると、上二人はきゃあきゃあ笑っているのに、この子だけは知らんぷりして、違う本の同じページをずっと見ている。名前を呼んでも振り返って反応しないのに、玄関ドアが開くカチャという音だけでパッと走るとか、爪先立ちでずっと家の中を歩いたりとか。

　次第に私も「異常だ、変だ」と思うようになり、「何なのかな?」と思って市の保健師さんに相談しました。ところが、保健師さんからは「比べてはいけません。それぞれ個性があるんだから、お母さん、考えすぎですね」みたいに言われました。「何か違う」と思ったんですが、保健師さんのその言葉を信じ込もうという私がいました^(*1)。とにかく、落ち着きのない子でした。

河野　その時、森田さんは現役の看護師さんで、医療の専門家という立場でもあったわけです。周りからいろんな説明やアドバイスを受けたと思うんですけれど、そのあたりの様子をお話しいただけますか?

森田　まず、「市役所で開催している子育てグループに参加しませんか」と言われたので、行きました。そこのスタッフは私に「何か心配なことはありませんか?」と子どもの様子を訊くので、それに答えていたんですけれども、アドバイスとしては

「様子を見ましょう」でしたね。その時間は遊ばせている子をただ見守るだけでした。具体的なアドバイスはもらえなかったので、不安は強くなりました。図書館に行ったりして本は読むんですけれど、難しいことばかり書いてあって、「じゃ、どうすればいいのか?」について情報はまったくなかった。焦りだけが募っていったというのが当時の状況でしたね。

■「えっ、これがいけないことだったの?」

河野 当初、発達の遅れがあるということでそういった療育を受けていらっしゃった。その中で私たちの教室をご存知になられたわけですけれども、きっかけと最初においでになった時の様子をお聞かせいただけますか?

森田 たまたま本屋さんで『自閉症児の学ぶ力をひきだす』という本を手にとりました。具体的なお子さんの成長の様子が書かれていて、そのお子さんが教室でどう変わっていくか、どんなことを教室で実践したかが書かれてあったんですね。それを読んだ時に「ここなら、私の息子も変われる」と直感で思ったということなんです。とにかく、具体策がたくさん書かれてあった本はその本が初めてだったので、「この教室にすぐ行きたい」と思ったのが本を読み終えての第一の印象でした。

河野 その当時は、茨城にお住まいでしたよね。

森田 はい。「相談会には皆さんでおいでください」ということだったので夫と上の二人と五人で川口の教室まで行きました。最初の面談を受けている最中、上の二人は緊張してちゃんと座っているんですが、下の子だけ相談室の中をぐるぐる歩いていて、私も気が散るし、ちゃんと話を聞いて見てもらいたかったので、「黙ってほしいな。食べて静かにしてほしい」という気持ちで、その当時、子どもが大好きだったお菓子を何気なく出してしまったんですね。そうしたら、先生のほうから「それはやめてください」と言われました。

　これまでいろんなところに相談に行っていましたけれど、私の対応を注意してくれるところは初めてだったので、びっくりというか、「えっ、これがいけないことだったの?」というふうにハッとさせられた。「大人なのに叱られちゃった」みたいに恥ずかしかったんですけれど……。そして「してはいけないこと、してほしくないことを根気よく教えることが大事です」と言われました。

だからこそ、「ここだったら、自分がどうしていいかわからない子どもへの対応について何かヒントを出してくれるのではないか、ダメなものはダメと言って教えてくれるのではないか」と思いました。「すぐに通います」と言いたかったんですけれど、茨城から通うわけですし、きちんと夫と話をして了承をもらってからと思って、いったん入会は保留にして帰りました。そして、すぐに夫と話して「とにかく通わせてください」と私の強い希望で入会をしました。

河野　川口まで2時間ですか?

森田　特急電車で1時間、それから乗り換えて川口まで2時間ですね。最初は電車に乗っても動き回ろうとするので、連れてくると決めたものの、苦痛でした。「どうやったら座って移動できるんだろう」と気持ちが張り詰めていましたね。しょうがない時は抱っこしてあやして、なんとかごまかしながら通ったんですけれど。

■ 指示が伝わるようになってから少しずつ変化

河野　手に取るようにわかります。そんな大変な状況の中を通われたんですけれど、すぐにご両親が子どもへの対応を変えた。目を見て話す、指示をする、短い言葉でわかりやすい言葉で簡単に指示をする、悪い時は絶対に手をつないで離さないようにする……。そのあたりについて、またその結果がどうなったかについてお聞かせいただけますか?

森田　「家で何をしたらいいでしょうか?」と訊いた時に先生から「このようにしてください」と言われた3つの指示の仕方がありました。「息子の目を見て話す」「短く指示を出す」「外出時は必ず手をつなぐ」です。「指示を出す時は、後ろから声をかけるのはダメです。目を見て必ず指示を出してください」というアドバイスでした。また、「『○○だからこうします』は小さい子どもには伝わりません、『○○だから』は言わずに、してほしいことだけを短い言葉で伝えます」と教えてもらいました。たとえば、「寝ます」「顔を洗います」「靴を履きます」という感じですね。そして、「してほしくないことをしたあとで『○○しません』と指示を出しても伝わらないので、たとえば、ドアから出ようとする瞬間を感じ取って行動の前に『走りません』と声をかけてください」とも。これらのことを実践しました。

河野　実際にいろいろやられてみて効果のほうはいかがでしたか?

森田 とにかく、指示が通らなかったので、「できそうだな」と思う指示は実践しました。ぼうっとしている時の息子の目はどこを見ているかわからない状態でしたけれども、目を見て話すようにした瞬間に息子と私の視線が合うことがわかるようになったので、それから先ほどのアドバイスを意識しながら指示を出すようにしました。また、「指示を出す時には『はい』という返事も言わせてください」というアドバイスだったので、目が合った瞬間、私が指示を出し、息子から「はい」という言葉が返ってきてから行動を起こすようにしました。それが当たり前にできるようになりましたね。

　当時、一番、困っていたのが外に出た瞬間に走り出すとか、動き回るということでしたが、教室からのアドバイス通り、勝手に動かないように私は息子の手を必ずつなぐようにしました。手と手だとツルッと滑ってしまうので手首をしっかり掴む。すると、多動も徐々に減って、電車でも静かに座っている時間が長くなり、最終的には落ち着いて川口の教室まで到着できるようになりました。

河野 何回目ぐらいでしたか？

森田 学習を始めてから1カ月ぐらい、3回目か4回目ぐらいの学習で明らかに息子が変わって、私も楽になりました。

河野 そうでしたね。「電車の中でもずいぶん楽になった」とおっしゃっていましたね。そんなふうにして学習を始められたんですけれども、あまりに急でしたね。九州のほうまで……。

■ 家族みんなが協力し合う

森田 夫の実家が福岡なんですけれど、エルベテークに通い始めて3カ月でUターンの話になりました。せっかくエルベテークに通い出して変化しているので残念でしたが、といって福岡からいままでのように通うのも経済的に大変なので、すごく迷いました。現実と理想の間でズレがあって……。その時に、福岡でも同じような教室がないかと周りの人に聞きましたが、そんな教室はなかったですね。

　私としては「どうしても川口のエルベテークをやめたくない」という思いが強く、義理の父に本を読んでもらうことにしました。「最初は一番下の子どもに問題を感じていなかったけれども、私から見てこの子には少し特別な専門的なところが関

79

わっていかないと将来がすごく心配なので、いままで通っていた教室にこれからも通いたい。まずはこの本を読んでください」とお願いしました。そして、私が教室に通うきっかけになった本を父に渡したんですね。そうしたら、義父は全部きちんと読んでくれて、気になるところに付箋を貼って、読み終わった時に「とにかくやりたいと思うことをやりなさい。子どもの将来に責任をもつのは親だから、親が必要と思うことはさせればいい。経済的なことは何とかなる。応援するよ」と言ってくれて……。

　それまでは週に1回川口に通っていましたけれど、さすがにそれは無理なので、河野先生と相談させてもらって、最初は月に2回でしたっけ？

河野　はい。

森田　最初は月に2回、また教室通いを再開しました。

河野　遠方から来られるというのは大変なうえに、経済的・時間的な問題もあり、そんな中で義理のお父さんが応援してくれた。もちろん、ご主人にも協力していただいたということです。おうちでの生活習慣、特にテレビの時間はおじいちゃん、おばあちゃんみんなが協力してくれたそうですが、そこを簡単にお話いただけますか？

森田　気が散ってしまうというか、集中して物事ができなかったので、「食事の時にはテレビは消します」ということを主人のお父さん、お母さんにもお願いして、守ってもらいました。「それが最大の協力なんだ」と伝えました。

　あとは学習時間もしっかり守りました。何時から何時までと時間を決めてやっていますけれど、その時は『鶴の恩返し』ではないですけれど、「絶対、この扉を開けてはいけません」という感じで、家族を入室させませんでした。「どんな用事があっても、その時間の終わりまでは誰も入ってはいけません」という約束でした。あとは、当たり前のことですけれど、朝、起きたら「おはようございます」、寝る時は「おやすみなさい」ですし、お風呂の時も挨拶ですね。「手を止めて、必ず目を見て話しかけてください」とお願いしてあったので、たとえ挨拶であっても手を止めて協力してくれていました。

■「言葉を無理強いしないでください」に対する違和感

河野　そうですよね。そんな中で発達の面で心配だということで、向こうでも専門の

ところに相談されましたよね。また、「教室に通うのが月に1回か2回だと不安」ということも相談されて、結局、療育施設に通われたんですけれど、そのあたりの話を簡単にお願いします。

森田 転居するので、区役所に行きますね。幼稚園に行く年齢だったので、「発達面で相談できる窓口がありますか?」と担当の方に尋ねたら、専門の部門を紹介してもらい、そこで専門の方から診察、テストをしてもらいました。それでやはり、「発達遅滞」。「社会性が落ちています」というようなことを言われました。

そして、市でやっている療育施設への通園を勧められました。この時は、経済的にいつまで川口に通うことができるかわからないし、「福岡で同じような施設が見つかれば、そっちでお願いできれば」という思いがありましたので、「何かが子どもの力になるんだったら何でもやってみよう」という軽い気持ちで、勧められた療育施設に毎日、バスに乗って親子通園をしました。実際に療育を受けているところを見守るという形で同じ時間、10時から4時間くらい私も子どもと一緒に過ごしました。

その時に異様だと思ったのが、「無理をさせないでください」と最初に言われたことですね。私は療育施設に行ったら、わざわざ通園着から運動着に着替えさせたんですよね。「いまから違うことをするんだよ」と気持ちの切り替えをさせるつもりで服の脱ぎ着をさせていました。「着替えます」と言葉をかけると息子は自分でやるんですけれど、施設の人からすると、私は不思議なお母さんだったようです。あくまでも療育施設に来たら、あとは子どもが好き勝手に遊ぶのをお母さんたちは見守っている、食事の時も子どもたちが食事する前でただ眺めていて、偏食があろうがなんだろうが、食べたいものだけ食べる様子を見守っているだけだったんですよね。

その当時、うちの子はあまり言葉が出ていなかったので、言葉でのコミュニケーションはなかったんです。でも、私が息子に対して話しかける仕草が療育のスタッフからは納得いかないらしく、「言葉を無理強いしないでください。ハンディのある人はハンディのある人なりに言語ではない別のコミュニケーションの方法もあるんです」みたいに言われてしまいました。療育の世界だけだったらそれでもいいかもしれないけれど、私としては最終的に子どもになってほしい姿は立派な社会人になることですので、「社会に言葉は必要だろう」と思い、「ここは違うぞ。なん

81

かおかしい」という気持ちがどんどん膨らんでいって……[*2]。

　その時は河野先生には療育の話は伝えていなかったんですが、私の不満が大きくなってから「実はですね」と言ってお伝えし、相談しました。結局、療育からは何も得るものがないと思って、やめたんですよ。

■「私がやるしかない」という覚悟が家庭学習の原動力に

河野　やはり、福岡から私どもの教室に通うことは大変なことですし、地元で信用できるところに通わせたいという気持ちが最優先だったと思うんです。そんな中で、「家できちんと指導していかないといけないぞ」と決断されていましたね。当時、家庭で学習は難しかったですよね。私が聞いたのは、朝夕20分……。

森田　年少の3歳児ですので……。朝、上二人が学校に行ったあと、下の子だけに集中できる時間でした。その20分と決めて学習を頑張りました。夕方は、2時くらいに幼稚園が終わりますので、上二人の子が帰ってくる4時までの1時間、下の子と密にできる時間があったので、その中で集中して学習に当てられる時間をしっかりつくって、それを守りました。

河野　朝夕20分の間にどんなことをやったのでしょうか？　学習だけでなく挨拶もきちんとやるように教えられたと思いますが、当時の学習の具体的な内容とどんなところに気をつけられたかを話していただけますか？

森田　それまでは「自分にはできない、だから専門の人にお願いしたい」という甘えというか、依存心のほうが強かったですね。エルベテークに通うのが月2回になって、ずっと指導してくれる先生がいなくなった時に、「こんな不安だらけの私でいいのかな、効果が出るんだろうか？」と心配だったんですけれど、家庭学習を続けました。

　そんな私の関わりでも、何も書けなかった息子はお絵かきボードに数字の1と2を書いて、わざわざ見せに来たんですね。夕飯をつくっている時だったと思うんですけれど、「見て」という表情をして「いち」と「に」と発音しました。「うれしい」と思ったと同時に「やっていれば何かしら効果が出るし、できないと嘆くんじゃなくて、いま自分ができることをこの子にやればいい。私しかやる人がいない」と覚悟が決まったんですね。本当は週に1回は川口の教室に行きたいのに

行けないので、「私がやるしかない、私がやるんだ」という感じで……。

　エルベテークの先生からは具体的に「これをしてください」と指示がプリントで
やってきますし、困っている時には「どうするんでしょう?」とこちらから言えば、
的確にアドバイスをもらえました。心配なことがあったら電話で相談する、あとは
子どもの様子を伝えてアドバイスなり応援をいただいて、1カ月後に「こういった
ふうになりました」と成果を見せにいくという感じでしたね。教室では、不足して
いるところ、これから伸ばしたいところをステップアップさせてもらったという感じ
です。

　息子に集中できる時間は朝夕20分でしたので、最初は先生から言われた通り
のことをしました。曖昧だった発音の練習として、ひらがなを書いたカードを見せて、
「あ」だったら「あ」と言わせていました。あとは、目でものを追う練習もやりま

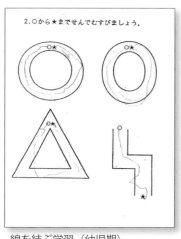

線を結ぶ学習（幼児期）

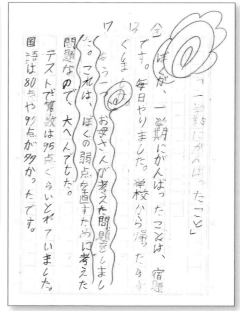

学校に提出した日記（小学4年生）

04

森田さん

高校1年生の母親

83

したし、注視する練習を徹底しました。ものを動かして指示に対してきちんと目が追いついているかを確認しながら、学習していきました。

　字も書き始めましたね。最初はなぞり書きを利用して鉛筆で辿っていくというところから始まると思うんですけれど、その時にきちんとした姿勢で左手を添えているかを私は見るようにしていました。書いている字がどうなのかよりも書いている時の姿勢ですね。それを注意して見ていました。エルベテークの先生からは「指導する時には女優になりなさい」というアドバイスをいただいていたので、にわか先生になった気分で先生役を演じることを心がけていました。

河野　その時の子どもへの伝え方、言い方はふだん生活している時の言葉と違うと思うんですが、その役者を演じていた 20 分間はどんな言い方をされましたか？

森田　言い切る形です。「挨拶をします」「しません」「鉛筆を持ちます」とか……。全部、言い切る形ですね。

河野　「です」「ます」ですね。

森田　そうです。指定通りにできても「すごい」とは言いませんでした。「できたね。それでいいよ」と言いました。

■ 夕食後に家庭学習の時間を設定

河野　なるほど。そういう形で努力されて、いよいよ小学校入学ですが、息子さんは年長の途中から幼稚園に入られました。そして、就学ということで、不安はありましたよね。就学時健康診断に行かれたんでしたね。

森田　当日、息子はちゃんとしていて、なんの心配もなかったです。誰かの指示をきちんと聞くというよりは、どちらかというと誰かの動きを真似して一緒に動くということも若干あるようには思えたんですけれども、泣き叫ぶこともなく、列を離れることもなく、とにかく落ち着いて就学時健康診断を終えました。私だけ緊張していましたが、取り越し苦労で終わっちゃったという感じでしたね。

河野　その後、地元の小学校の普通学級に進まれたんですけれども、当然、このままでは心配な部分がいっぱいあったと思うんです。まず、入学する時にどういうふうに気を配ったか、また入学した当時の彼の様子、先生の理解と協力のところを簡単にお話いただけますか？

森田　息子が通っていた小学校は毎学年、担任が変わってしまうところだったんですけれども、入学した時の1年生の担任は若い女性の先生だったんですね。「うちの子どもにはちょっと心配なことがあります。少しお伝えしたいと思います」と入学式のあとに担任に声をかけて、「配慮していただきたい点」をまとめたレポートをお渡ししました。担任はそれをきちんと読んでくださいまして、「気をつけて声をかけていきます」と言っていただきました。

　ということで、学期ごとに学校での息子の様子を聞くことはしました。普段は金曜日のお昼で早退して川口のエルベテークへ行くようにしていたため、その迎えの時に必ず担任と話ができるタイミングがあったんですね。他のお子さんもいて、そんなにたくさん聞くことはできなかったんですが、その時には「いつもお世話になっています。最近の様子で気になっていることはありませんか?」とお尋ねするような感じでした。すると、先生の方から最近の学校の様子とか、短い時間ではありましたけれど、教えてくださっていました。

河野　学校を早退して私たちの教室に通うことは学校の了承のうえでしたよね。そういう状況だったんですけれども、2年3年になると、だんだん学習が難しくなる。学習の内容はどうでしたか?　家庭学習の時間も長くなってきますよね。そのあたりの様子をお聞かせいただけますか?

森田　子どもの成長とともに私は年中の時にパートの仕事に復帰し、小学校2年生の時には正社員になりました。ですので、帰って来るのが子どもより遅くなってしまうんですね。その時までには息子は学校の宿題は済ませておくようにしていました。同居していたおじいちゃんおばあちゃんが学校から帰ってきてからの息子の様子を見ていました。家庭学習の時間は夕飯が終わったあと7時からと決めて、まず、終わっている宿題をまず見て、それからエルベテークの宿題をしてというふうにやりました。

　その時に気をつけていたのは、適当な字を書いていたら書き直し、やり直し。そして、学習する時の姿勢でしたね。夕食後の家庭学習の時間は「エルベタイム」と名付けていたんですけれど、子どもの気持ちはさっとは切り替わらず、だらだらしています。学習の姿勢が整わない時もあるんですけれど、「これから始めます」「お願いします」と言って、学習態度が整うまではプリントはさせない。整ったのを見てからプリントをさせるようにしました。それから、私が見ていない時にやっ

04
森田さん

高校1年生の母親

85

ていた宿題で字が汚かったら、「これは読めません。消して、やり直してください」とやり直させました。小学校低学年の時はふてくされることはまずないんですけれど、学年が上がってくると、「なんでえ」みたいな言葉が出る。それも注意して、「ダメなものはダメ」「読めない字は字ではありません」と伝えて、書き直し、やり直しをさせました。どうしても学習時間が伸びるので、1時間で終わるようにしたんですけれど、学年が上がってくると、宿題の量も増えてきて、1時間では済まなくなりました。

河野 長い時は1時間くらいですか?

森田 そうですね。9時には寝るという家庭のルールがあったので……

河野 ということは? 遅くとも……

森田 8時半までには学習を終えるようにしていました。

河野 それを毎日、お仕事から帰ってきてからやられた。ずっと付き添っているわけではないけれど、チェックしていかれたわけですね。

■ いじめを受けても「学校へ行きたくない」とは言わなかった

河野 学習面以外のことですが、学校でクラスメートとの関係でいろいろとトラブルがあったと聞いています。どんなことがあってどんなふうに乗り越えてきたのか、お話しいただけますか?

森田 低学年の頃は友だちとも仲良くして、トラブルはなかったんですけれど、高学年になってからいろいろ出てきました。息子はどちらかというと大人しく控えめで、「俺が、俺が」と自己主張するというよりは後ろからみんなの様子を見てるというところがある子です。言葉は悪いですが、使い勝手の良い息子だったんですね。そのうちに、近所に住んでいる男の子が自分のしたい遊びに息子を巻き込むようになりました。ほぼ強制です。

　たとえば、ランドセルですね。学校でじゃんけんをして、その結果、帰り道、みんなのランドセルを全部息子が持たされたりしていました。本人からは言わないんですけれど、周りでその様子を目撃した子どもたちからお母さんを通じて「あなたの子は友だちからいじめられているよ、注意したら」という声が出てきたんです。息子に聞くと、「自分はやりたくないのに、『やろう』と強く言ってくるから仕方なく

86

付き合って遊んでいた、本当は嫌だったんだけどもね。嫌だと言ってもついてくるんだもん」ということでした。よく話を聞くと、その男の子は他の子たちにも同じようにやっていたみたいだったんですけれど、他の子どもたちが強く拒絶するぶん、強く拒絶しない息子のところにその子は来ていたという感じです。

そのことも河野先生に相談して「どこを窓口にして対応したらいいか」をお話しさせてもらいました。「直接、お母さん同士で話し合うのはやめましょう。状況としてはいじめだと言えるけれども、現場にいない人間が言うよりも先生に頼んだほうがいい。学校で起きていることなので、学校にお任せしましょう」というアドバイスだったので、後日、担任の先生に「少し相談したいことがあります」と状況を説明しました。

河野 いろいろ紆余曲折はありましたが、結果的に解決に向かったわけです。彼はどうでした？ 「学校へ行きたくない」とは……

森田 「学校へ行きたくない」とは一度も言ったことがなかったです。中学校も3年間、どんな嫌なことがあっても、「学校へ行く」と言い続けました。

■ 中学校時代には自宅で1日3時間学習

河野 中学校に入って、学習内容は大きく異なりますよね。勉強が大変だからということで私どもの教室へ1泊2日で月1回、4コマの学習になりました。「地元の進学塾に通うようになって、よりいっそう家庭学習が大事だと気づいた」とおっしゃっていましたが、そのあたりをお話しいただけませんか？

森田 上のお兄ちゃんが受験で通っていた進学塾は兄には合っていたので、「塾が楽しい、勉強できるから楽しい」という言い方をしていて、結果が出ていました。それを見た夫が「受験のための勉強も必要だから受験のための塾は行ったほうがいい」と。私の考えとはちょっと違ったんですけれど、行かせないよりは行ったほうがいいということで週に2回、地元の塾に行かせることにしました。ですので、部活もあり、塾もあり、エルベテークの宿題もあり、学校の宿題もあり、という状況で、本当にいっぱいいっぱいだったと思うんですけれど、「本人は全部やる」と言ったので、どうにか頑張りました。

曜日ごとに時間配分は違うんですけれど、エルベテークの勉強は毎日決まった

時間にやり、学校の宿題もやりました。でも、塾の成績は右肩下がりだったんですね。期末ごとに塾の先生に話ししても「成績が伸びるように努力します、協力します」と言うんですけれども、40人の集団学習塾なので、後から個別学習をやることはまずなかったです。本人に聞いたら最後のほうはテストばかりなんです。途中から何をやっているかもわからなくて、「お母さん、ごめんなさい。実は寝てました」と言ってきました。それで、「もう塾へ行くことはない」と思い、中1の期末にはやめました。

　教室から出てくる宿題というのは基礎固めの宿題だったので、これだけはやりました。学習日に1カ月分の宿題をもらってきます。コツコツやらないと次にエルベテークへ行く時には溜まってしまって大変なことになるので、とにかく事前にやっておかないといけない。すごいボリュームがあります。どんなに疲れていようが息子は「やる」ということで進めていました。

河野　中学校は中間テストや期末テストがありますね。そのテスト対策としてテスト範囲をもう一度復習し直して取り組んでいらっしゃったと思うんですけれど、普段の学習とテスト前の学習はどのくらい時間は違いますか？　普段が1時間か1時間半でしたら……

森田　倍ですね。

河野　3時間。テスト前は3時間やっていた。テスト前は1日前からやる感じでしょうか、1週間前からやる感じでしょうか？

森田　部活はテストの1週間前から休みになるので、その時から2時間以上やっていました。

河野　先ほどから部活という話が出ていますが、彼は柔道部に入っていたんです。

■ 高校受験をめぐって家族の協力

河野　さて、それから高校受験の話になるわけですけれども、その当時、お聞きした話では、「できたらお兄ちゃんと同じ高校に行けたら一番いいんだけれども、県内でトップの県立高校。そこは難しいけれど、次のランクの高校へは進みたい」と思ってらっしゃったそうなんです。中学3年生の夏、模擬テストの結果は……

森田　とても行けるような成績ではなくて、論外でしたね。

河野　実はいま行っている高校は模擬テストでは E 判定です。彼の成績からしたらとてもそんな高校は無理。学校からも「なぜそんなところを受けるのか。無理だ」と言われたんですけれども、そこをどういう形で……

森田　先生たちは安全策として、もうちょっと頑張ったら受かりそうな公立高校を勧めてくれました。息子としては、お兄ちゃんが行っている高校はとうてい及ばないけれど、次に行きたい学校ということで決めた学校がいま行っている学校です。でも、その時、偏差値で 10 も足りない。全然届かないわけです。

　私は「少し頑張れば届く高校と、すごく頑張ったら届く高校とどっちでやってみる?」と訊きました。私は不合格になるのがどうしても嫌だったので、「安全なところがよくない?」と言ったんですけれど、最終的に本人が「行きたい」と希望した高校をめざすことにし、「全力でとにかく死に物狂いで頑張ろう」ということになりました。部活も終わっていましたので、受験だけに集中する半年間でした。私も応援しました。

河野　一般的に受験勉強の多くが傾向と対策の学習になってしまうのがほとんどですが、違ったんですよね。

森田　中学 3 年生の夏に個別学習の塾には入会しました。それは子どもが「行きたい」と言ったからです。夕方学校が 4 時ぐらいに終わって私が帰宅して食事したりする 8 時までの 4 時間をどうするかと考えた時に、その時間に個別塾へ通わせるのがいいと私も判断しました。塾の学習は傾向と対策が中心ですので、「この問題ができるようになるまで引っ張りあげる」という感じで、ものすごい量をしますよね。

　子どもが自宅に帰ってくるのは 8 時ごろなので、そこからはエルベテークで出された課題です。エルベテークの宿題というのは基本問題中心です。英語だったら文型といった文法ですね。それが何セットもくるので、それをとにかくこなすということだったんですけれど、もちろん先生は息子の苦手分野はわかっていますので、その部分に関してはこれでもかというぐらいの基本問題がプリントとして準備されてきます。英国数の 3 教科ですね。ですから、基本の徹底はエルベテークの宿題を利用しました。それが良かったから爆発的に成績が伸びたんじゃないかなと思っています[*3]。

河野　いま、高校 1 年生ですから、これから 2 年 3 年と進み、その先の進路をどう

89

02 メソポタミア文明とエジプト文明　B.C.3000～B.C.1200

約3000年ごろ、メソポタミアではシュメール人にとって早く楔形文字が書かれました。前18世紀には、バビロン第一王朝のハンムラビ王が全メソポタミアを統一しました。一方、ナイル川流域のエジプトでは、ファラオ（王）によって統一国家が生まれ、ピラミッドや神殿が築かれました。

○ 古代オリエント

メソポタミア…「川の間の地方」を意味する。

バビロン第一王朝…前カき頃初めに七信頭文字を使用四アムル人が建てたもので、バビロンにすぎると、ハンムラビ王のとき全盛期が迎えた。有力を記名め、ヒッタイトにより滅ぼされた。

ヒッタイト…インド=ヨーロッパ言葉の部族。世界で最初に鉄製武器を使用した。別名「鉄の民」。

メソポタミアの文明
＊楔形文字、六十進法、太陰暦、１週り日割
ベヒストゥーン碑文…楔形文字で書かれた文。ローリンソンが解読。

社会と数学のノート（高校生）

するのかも出てくるでしょうし。いずれにせよいまの段階で言うと、ご兄弟を含めてみんなが彼のことをわかって兄弟みんなが努力したということですね。

森田　そうですね。下の息子は下の息子で頑張ったということを上二人は見ていますから、協力する姿が自然と整ったように思います [*4]。成績だけでいったらまだまだかもしれないんですけれど、その下の息子に対して上の二人から「こんなこともわからないの?」というような言葉はまず出てこない。下の息子にあって自分にないもの、ボランティア精神だとか優しさだとか、それは上の子たちも個性として認めて、兄弟 3 人仲良くしてくれています。

■ 目を合わせて指示を出すことがいかに大事か

河野　ところで、以前、伺った話ですけれども、ぜひみなさんにも聞いてもらいたいと思います。目を見て話すことがいかに大切かを実感されたエピソードがありましたね?

森田　地区の子ども会で役員をしていた時の出来事ですね。30 人ほどの子どもたちがワイワイギャーギャー騒いでいたんです。その子たちに向かって、私が「聞いてくださ〜い」と言っても絶対聞いてくれないんですが、手をあげて「ここ見ます」「見てください」と言って私の目の位置まで手を下ろした時に、全員の子どもが見てくれた瞬間があったんです。

　その時に「静かにします」と言ったら、すぐに静かになりました。体育祭の時だったので、1 年生から 6 年生までの子に「これからやる競技はこれこれです。出る子はこっちに来てください、それ以外の子はそっちへ行ってください」と伝えましたが、そのやり方で指示が一瞬で通り、全員の子どもがパッと動けたことがありました。目を合わせて指示をすることがいかに大事かと思いましたね。しっかり指示が通った時は気持ちいいですよ。

河野　指示が通るといえば、福岡で看護師をなさっていた時にも忘れられないエピソードがあったと聞いています。発達の遅れを抱えた方との看護の時だったようですね。

森田　福岡で私が看護職に戻った時に、釣り針を指に刺した 5 歳の子どもが外科の外来にやってきました。顔を見たら、息子と一緒に療育に行っていた子なんで

すよ。指示が通らない状態でした^(*5)。

　「痛い、痛い」と泣き叫んで治療ができないので、看護師3、4人がかりでその子の足と手、顔を押さえつけて処置を始めようとしました。私はその子を知っていて、名前もわかるということもあって、「目を見ればなんとかなるのではないか」と思い、顔のほうに再度ついたんですね。「看護師を見て」と言っても目はなかなか合いませんけれども、呼びかけてパッと目が合った瞬間に「静かにします」「私を見て」と声をかけました。それを繰り返しているうちに、その子は落ち着いてきました。

　3人で押さえつけていたのが一人離れても大丈夫な状態になり、最後は頭のほうについた私と足元にいたお母さんがいるだけで処置ができるようになりました。目が合うというのは本当に大事だなと思った出来事でした。

河野　そのほかにも大人の患者さんのケースで忘れられない経験をされたようですけれど……。

森田　身障者施設に入っている20代ぐらいの青年が外科的な処置が必要で外来にやって来たんですけれども、言葉がわからないんですね。「あ」とか「う」しか言えない青年でして、外科的な処置が必要だというのは周りのスタッフの動きからわかったようですが……。

　なんとか処置を受けさせなければならないんですけれども、指示が通らない。「台に上がって」とか「力を抜いて」がまったく通じないんです。大人ですので看護師が数人がかりで押さえても歯がたたず、力が入ってしまうと出血して処置できない。やむなく麻酔を使って処置することにしました。

　私としては「なんとか意思疎通をとって穏やかに処置を行いたい」と思ったんですけれども、周りが許さない。「早く処置して早く返さないと……」「大声を出すし、他の業務が止まってしまうから……」ということでした。

　「言っても無理だから」と言う医療関係者もいて、「仕方ないよ。こういう人には」ということになり、麻酔という最終手段で処置が行われました。その時、言葉のいらない世界ってないよね、と私は思いました。「社会生活上、言葉はどうしても必要」と思った事例でした。

■ 不登校気味の親友の娘さんに対するアドバイス

河野 それから不登校の話。先ほど息子さんが小学校の時にいじめに遭ったという話がありましたが、その話に関連してですが、以前、森田さんの親友の方のお子さんが不登校になり、相談を受けたことがあったようです。私も森田さんから聞いたんですけれど……。大事な話ですので、ここでその話を簡単にしていただけますか?

森田 茨城県に住んでいた時の親友の娘さんです。いま、高校2年生になる女の子なんですけれど、小学校5年生の時にクラスメートの言葉で自分に自信がなくなってしまって、自分がすることすべてが誰かに見られて「なにか噂になっているんじゃないか」と思うようになり、学校へ行くこと自体が怖くなったというお子さんだったんですね。

　中学校ではソフトボール部に入ったんだけれど、試合は勝負事ですので、自分が失敗したことで負けた時にすごいストレスを感じてしまって、とうとう学校へ行けなくなってしまった。

　たまたま子どもさんたちの話になった時に「実はね」というふうにお母さんが切り出したんです。中学2年生の時にはほとんど学校へ行っていないとのことで、「困っているんだけど、どうしたらいいんだろう?」ということでしたが、「どうしたらいいんだろうじゃなくて、どうにかしなくちゃね」と私は言いました。フルタイムで仕事をしている人だったので、「小学校、中学校で担任に相談に行った?」と訊いたら、「行っていない」ということでした。

　そのへんは河野先生に事前に、「私がアドバイスするとしたらどんなことに気をつけてどういうことを言ったらいいですか?」と相談し、そのアドバイス通りに友人に話しました。「まずはお母さんと担任が娘さんのことで相談をしましょう。1回学校へ行って様子を聞いてみてはどう? 子どもはどうしていかわからないので、行けていない。いまだよ。お母さんがなにか行動を起こさないと子どもは何もできないよ」と。

　そして、「『学校は行くもの』というふうに思わないといけない。『行きたい時に行けばいいよね』というのではだめ。そこはお母さんから子どもに言わなきゃいけないところじゃないか」とアドバイスしました。

　その結果、毎日ではないんですけれど、お母さんなりに「行くよ」と娘さんに声かけをしたそうです。中学校3年の時には少し学校へ行けるようになって、高

校は出席日数の問題で私立の女子校に進学できました。環境が変わっても、「自分はどう思われているんだろう」とすごく気にかける子ですので、体育祭やイベントがあると、「学校を休みたい」とか「頭が痛い」と体調不調を訴えるのは一緒だったらしいんですけれども、子どもをそのままにしておかず、お姉さんとお母さんが協力して、遅刻してでもいいからとにかく学校に連れていってくれた。「学校は絶対休ませない」と決めて援助したそうです。

　この間、そのお母さんに「何が変わった」と訊いたら、「子どもが変わった」と話していました。「お母さんがこんなに自分のために頑張っているんだから、私も学校に行くように頑張る」というふうに娘さんは言ったそうです。そして、進路指導の面談の時には学校の先生がお母さんに対して「なんとかしてあげたい。進学に関してもこの子にとって良い大学とか良い資格を取れるように学校としても全面的に応援します」と言われたそうです。

　お母さんは「もしあの時、中学校で不登校になった時にあのままだったらいまはない。『教師にとっては、その子は長い教員生活の中の３年間の担当だけど、子どもにとっては中学生時代は一生に一度きり。二度とないんだよ』という話にはっとした。『行きたくない』という子どもを行かせようとしたことと、行かせるために親が覚悟を決めたこと、あれが本当に良かった、いまだからそう思う」と話していました。

河野　考えさせる話ですね。息子さんの成長記録に加えて、貴重なお話、ありがとうございました。

（第 12 回 /2018 年 8 月 4 日）

【補足情報】インタビュー（2016年12月24日）から

＊1　専門家に相談に行く時には「本に書いてあるような難しい言葉を使わなければいけないのかな」とものすごく身構えていました。「クレーン現象」とか「常同行動」とかです。「知らないの?」と言われたくないので、「なるべく専門家と対等になるように」と思っていました。「専門的なところを見せないと相談に乗ってくれないのかな」と思い、自分からそういう言葉を並べていたような気がします。

＊2　療育施設に行っている頃、大人になって通うことになるかもしれない授産施設も見学に行く機会がありました。感じたことは、社会人としての力がないといけないということでした。でも、ほとんどの親御さんたちは子どもを守るために国や行政に訴えるとか署名しようとかという発想になっているように感じました。守ろうとする気持ちはよくわかるんですけれども、特別扱いして大人の陰に隠しているようなところがあって、私はそれではいけないと思いました。当時、自分の子どもが力をつけてきたこともあったんですが、「私が頑張らないといけない、親がしなければならないことをしなくてはいけない」という気持ちがどんどん強くなっていきました。

＊3　「中学2年生の2学期が終わろうとしているいま、最近思うことがあります。ひとつは、以前に比べ、友だちが増えたことです。もうひとつは、小さなミスが少なくなり、ひとつのことをしながら、他のことも考えられるようになったことです。来年は受験生です。公立高校進学目指して、頑張っていきたいです」（森田くんの作文）。

＊4　3歳上の当時小学6年の兄の学習や生活面のことで悩んでいた時も、弟の学習の際、川口に一緒に連れていきました。兄のほうは勉強が嫌いで、投げやりな態度、いらいらして友だちとうまくいかず、親に反発している状態でした。本人と面談していただき、直接アドバイスしてもらいました。その折の感想を「緊張感があった。ダメなものはダメだと言われびっくりした」「あの頃はみんなに迷惑をかけていた」「気づかせてもらってよかった」などといまでも話します。おかげでその後、第一志望の県立高校に入り、いまは医学部へ進みたいと励んでいます。

＊5　病名がつくことがいいような悪いような感じですね。「アスペルガー」とか「高機能自閉症」とか、小学校の低学年とか幼稚園の頃にはお母さんたちはそんなに言わなかったんですけれど、中学校に上がってくると、病名を言い訳にするんですよね。「この病名だから仕方がない。席から立ってしまうのも指示が通らないのも、仕方がない」と。私の友だちの中に、離席が多いので特別支援学級へ回った子がいます。親の弱みをつくというか、先生からは「未熟児で生まれた子だから発達に問題があってもしょうがない」「これ以上の負荷がかからない環境で学習させましょう」と言われ、特別なほうへ誘導されていくんですよね。

　　＊3、＊4はエルベテーク季刊誌2017年新年号（107号）から

04
森田さん

高校1年生の母親

成長のフローチャート／黒木さん（娘）

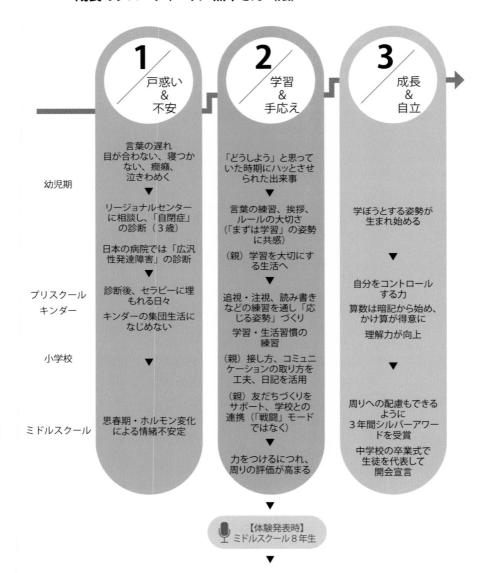

1 戸惑い ＆ 不安

2 学習 ＆ 手応え

3 成長 ＆ 自立

幼児期

言葉の遅れ
目が合わない、寝つかない、癇癪、泣きわめく
▼
リージョナルセンターに相談し、「自閉症」の診断（３歳）
日本の病院では「広汎性発達障害」の診断
▼

「どうしよう」と思っていた時期にハッとさせられた出来事
▼
言葉の練習、挨拶、ルールの大切さ（「まずは学習」の姿勢に共感）
（親）学習を大切にする生活へ

学ぼうとする姿勢が生まれ始める
▼
自分をコントロールする力
算数は暗記から始め、かけ算が得意に
理解力が向上
▼

プリスクール
キンダー

診断後、セラピーに埋もれる日々
キンダーの集団生活になじめない

追視・注視、読み書きなどの練習を通し「応じる姿勢」づくり
学習・生活習慣の練習

小学校

▼

（親）接し方、コミュニケーションの取り方を工夫、日記を活用
（親）友だちづくりをサポート、学校との連携（「戦闘」モードではなく）
▼

周りへの配慮もできるように
３年間シルバーアワードを受賞
中学校の卒業式で生徒を代表して開会宣言

ミドルスクール

思春期・ホルモン変化による情緒不安定

力をつけるにつれ、周りの評価が高まる

▼

🎤 【体験発表時】
ミドルスクール８年生

▼

【現在 ハイスクール３年生】素直な性格で、誰からも愛される女性へ成長
「将来は日本とアメリカで仕事をしたい」という夢を持ち、カレッジをめざして勉強中

アメリカで巡り会えなかった指導法に日本で出会った

黒木さん
ミドルスクール8年生の
母親

聞きて
河野俊一さん
エルベテーク代表

3歳で「高機能自閉症」と診断された娘さんは、住んでいたアメリカで公的なサポートやセラピーを受けたものの、子どものペースに合わせるやり方では効果が上がらず、母親は悩んでいました……

本文中敬称略

■「アメリカ忠誠の誓い」をスピーチする

河野　カリフォルニアにお住いの黒木さんの娘さんは夏から高校生になるわけですけれども、先日の卒業式では卒業生を代表して宣誓されたそうです。現在の様子を簡単にお話ししていただけますか?

黒木　娘は日系4世です。主人が日系3世で、私は結婚してから渡米しました。小さい頃の娘は本当に大変な子でした。いまはとても落ち着きまして、学校のお友達に恵まれて —— 学校は健常の子とスペシャルな子(発達の遅れのある子)が一緒に学ぶ学校へ行っています——、環境づくりに一生懸命頑張ってきました。すごく大変だった時期もありましたが、最後は先生方・お友達にとても理解していただいて、愛されました。びっくりすることに、ミドルスクール(中学校)の卒業式にあたっては、先生全員の意見一致で「アメリカ忠誠の誓い」(Pledge of Allegiance)をすることが決まり、当日は壇上に立って卒業生代表としてこの開会宣言を堂々とスピーチしました。

　また、シルバーアワード(銀賞)をとりました。スペシャルエデュケーション(特別支援教育)としてのシルバーアワードだったのですが、テスト成績のスコアでランクがつきます。それも立派に3年間連続で表彰され、成績優秀者として認めら

れました。そこはとてもよく頑張ったと思います。今年の夏から、日本の高校にあたるハイスクールへ進学します。

河野 ここに至るまで大変な思いをいっぱいされてこられたわけですけれども、その頃に立ち返って、診断を受ける前、診断されてから、そして学習を始めるまでをお話しください。

■「なんで私だけこんなに大変なんだろう」

黒木 赤ちゃんの時はとにかくよく泣いて、ぜんぜん寝ない子でした。自分の世界に入っていて、本当にマイペースで……。唯一寝るのが、ある程度スピードが出る車の中だったんです。寝ないので目も離せず、主人も忙しいので、真夜中ずっと高速道路を走ったりしました。アメリカでは高速代はただなのでできた技なんですけれども……。そんな感じですごく大変な子どもでした。

レストランに入っても、やっぱりとても落ち着かなくて泣きわめきました。ですから、私が疲れ切って「今日はご飯つくれない。外食しよう」と言っても、結局、一人が外であやして、一人が急いで食べて交代して……という感じでしたね。

だからもう、あの頃は精神的にまいっていて、あまり記憶がないぐらい大変でした。私は生まれ育った時に近くに赤ちゃんがいなかったので、「なんでこんなに大変なんだろう」と思って母や周りの人に相談しても「かんの虫の強い子なのよ」とか「英語と日本語両方だからもうこんがらがっちゃってるのよ」と言われました。「いまはがまんするしかないんだ」と思って、悩みを打ち明けられる人もいなかったし、すごく追い詰められていました。

少し大きくなってからも、とにかく目線が合わない。ハッピーな子なんですけれども、自分の世界に入っている。あと、痛みに鈍感で、血だらけになってもふつうに笑っていたり、ほんとに宇宙人みたいな感じで、驚くばかりでした。

言葉ももちろん遅くて……。でも、どこに相談しても「日本語と英語、お父さんとお母さんが違うふうに話しかけているからしょうがないんだよ」って言われて、流されてました。常に私は睡眠不足で、主人も疲れて帰ってくるので育児の相談をする余裕もないし、時間もないし、気力もなかったんですね。ほんとに「なんで私だけこんなに大変なんだろう」と心身ともにまいっていました。

　そんなある日、日系の幼稚園で先生に「ちょっと心配です。呼びかけに対応しません。みんなと一緒に話が聞けません。友だちといっさい話しません」と言われたんです。これじゃいけないと思って、リージョナルセンターという相談機関に相談したところ、すぐに面接とテストを受け、サイコロジスト（臨床心理士）の先生から「自閉症」という診断が下りました。

　自閉症という障害自体に私はなんの知識もなかったので、診断が下りて「本当に大変だったのは自閉症だったからなんだ」という安心感とともに、「なんとかしなきゃいけない」という気持ちになりました。

　専門書から手あたり次第読み漁りました。でも十人十色なので、うちの娘にはしっくりいかない部分も多いんです。「ほんとにこの子、自閉症なのかな？　どうなのかな？」という部分も多いんですよ。そういう目でしか彼女を見ていなくて、彼女の行動ひとつひとつに「これは問題、これは問題じゃない」、そればっかり。心は通っていなかったですね。

■ セラピーに追われ、余裕のない日々

黒木　それからすぐに日本にも行って、有名な病院２カ所に診断していただいたらどちらも「『自閉症』じゃなくて『広汎性発達障害』ですね」と言われました。診断に心が惑わされ、そのつど気持ちが不安定になっていきました。

　アメリカでは「自閉症」という診断が下ったら自動的にいろんなサービスが受けられます。スピーチ・セラピー（言語療法）、ビヘイビア・セラピー（行動療法）、オキュペイショナル・セラピー（作業療法）などいろんなセラピーを受けられたのですが、今度はセラピーに埋もれるんです。車での往復の時間もあるので、幼稚園に行ってセラピーを受けて家に帰って来たら夜の７時ぐらいです。急いでご飯を食べて、もうヘトヘトですよね。

　スケジュールをこなすのに親子ともに疲れきり、プロ任せだし、それで子どもの問題行動が消えているという実感もなかったし、「ほんとにこれでいいのか？」といつもいつもそんなことを思っていました[*1]。かといって本を読めば読むほど「これもしなきゃいけない、あれもしなきゃいけない」と思ったりして、すべてに振り回されていた感じです。

05
黒木さん

ミドルスクール
８年生の母親

99

その頃の私は、娘を見守る母の目線ではなくて、娘の言動一つひとつにものさしをあてて、子どもをチェックしていました。自分に余裕がなかったから、主人ともうまくいかない、友だちとも疎遠になる。誰に相談したところで、理解してもらえない。「もうちょっとしたら落ち着くわよ」と言われても、「そんなわけない」……。その繰り返しでした。

河野　ハイウェイを1時間以上かけて通ったセラピーもあったと聞きました。時々、セラピストの方が自宅に来られるケースもありますよね。

黒木　運転も大変でしたし、私はその時ちょうど2人目の赤ん坊（長男／弟）を抱えていたので、静かにしなくちゃいけないし、来られるのも落ち着かない。セラピストからいろんなセラピーを受けてプロの人たちと話せるチャンスは助けにはなったんですけれども、やっぱり一人ひとり言うことも違いますし、「このセラピー、いいのかな？」というものもいっぱいありました。

■「まずは学習」というアドバイスにはっとさせられた

河野　娘さんが思うように成長してくれないので黒木さんはずっと悩んでいらした。その時に私の本を書店で読んだわけですね。

黒木　やっぱり縁だと思うんですけれども、たまたま立ち寄った日系のスーパーの中の書店で『発達の遅れが気になる子どもの教え方』という河野先生の本に出会いました。その時、娘はちょうどキンダー（幼稚園）に行っていました。ストーリータイムといって、生徒が座り、先生がお話を読む時間がありますが、娘は先生のお話を聞いていられず、すぐに落ち着きがなくなります。すると彼女についているエイドさんが、静かに座っていられるように彼女におもちゃを渡します。そのおもちゃに飽きそうなタイミングで、どんどん次のおもちゃを渡してゆく。そしてもういい加減座っていられないとなると、速やかにエイドさんが外へ遊びに連れ出してしまいます。

　アメリカではいちおうキンダーは学習する場所なのですが、先生の話は聞けないし、もちろんとても学習にはつながっていませんでした。その時はスペシャル・エデュケーションのクラスに入っていて、「なんとか先生の話を聞いてクラスに参加できるようにできないか」と、その道のプロである先生に伝えると、「自閉症と

はこういうものだからしょうがないから、お母さん」という言い方をされたんです。「あ、そうなんだ。じゃ、小学校に入ったらこれどうなっちゃうのかな。ずっとしょうがないで通るのかな」と悲しく思っていました。

　そういう時に河野先生の本と出会って、そこでは言葉や挨拶とか日常生活のルールとかコミュニケーションとかを教える、姿勢を整えることが大事であって子どもが学ぶ姿勢、教わる力を身につけることが大事です、と書いてあったんですね。それにはっとさせられました[*2]。

　というのはそれまでの私は「セラピーを頑張ってコミュニケーションができるようになったら、いつか勉強できるようになるのかな」とか「娘に合う療法を見つけることによって娘の問題点が少しずつなくなっていけば、学ぶ余裕が出てくるのかな」って思っていたので、「まずは学習」ということにすごくびっくりしちゃったんですね。座っていられない子ですから、「学習なんて……」と思っていたので、半信半疑でしたが、初めて光が見えた気がして、本を読んで読み終わった瞬間にすぐeメールで相談会の申し込みをしました。

河野　私たちの教室の相談会だけのために日本にお出でになったそうです。しかし、「アメリカから月に１回通うというわけにもいかないし……」ということで、アメリカが６月の半ばから夏休みに入ったらその時に集中してできないんだろうかとお願いをされ、それでキンダーの終わり、小学生になる寸前の夏休みにお出でになった……。

黒木　本を読み終わって、主人に休みをとってもらって飛行機に飛び乗った感じです。私としては「もう彼女が学習していく方法としてはこれしかない」と思ったんです[*3]。そしてお話を伺って、次の夏休みの間、フルに授業を入れていただくようにお願いしました。

05
黒木さん
ミドルスクール
８年生の母親

■ 前向きな気持ちにさせるアドバイス

黒木　相談会の時に印象に残っているのが「いろいろなことができるお子さんです」って先生に言われた言葉です。また、「いろいろなことをやりとげる可能性をもったお子さんです」とも言っていただきました。それまではほんとうに「この子はこれができない、あれができない」と「できない、できない」ばかりが頭にあったし、どんなセラピーを受けても、「この問題行動をどうしましょう」と、問題行動

101

の話ばかりなんです。だから、「何かができる」って言われたのは、考えてみたらその時が初めてのような気がして、「あ、この子はできるんだ。じゃ、前向きにできることをやろう」という思いが熱くこみ上げてきました。

　そんなふうに思えたのは初めてでした。それまでは、溢れかえる情報にぜんぶ受身で流されて、気持ちがもっていかれた状態だったのを、「あっ、これは私、信じられる。ここに食らいつこう」と確信しました。

　1年生を目の前に控えた、その次の年の夏休みに初めてエルベテークの学習を受けたのですが、その時に打ち合わせで河野先生に「2コマ3時間とります」と言っていただきました。10分も椅子に座っていられないので、「3時間？　いや、先生、3時間は無理です」と話しましたら、「いえ、学校では3時間座ってなきゃいけないんです。大丈夫です。スタッフが責任をもって指導します」。とてもびっくりしたのですが、「大丈夫かな」と思いつつ、お願いしました。

　主人はその次の日に一足先にアメリカに帰るという日でした。河野先生と私と主人がお話をしている間に、他の先生に連れていっていただいて学習が始まりました。すぐに「お父さんは今日が最後ですから、教室の娘さんの様子を見てみましょう」と言ってモニターをつけてくださったんです。そうしたら、ちゃんと座って目の前の先生を見ているんですよ。そんな娘の姿を、私、初めて見たので、びっくりしちゃって……。主人も隣で「誰？　あの子、誰？　ほんとうにうちの子？」と何度も英語でつぶやきながら、座ってものを見ている娘の姿を見てびっくりしていました。初日です。初めは足が崩れたりしてちょっと指摘はいただいたんですけれど、座って先生を見ているんです。びっくりしました。

河野　ご主人は眼が点になっていましたね。

■「あなたを見てます」という気持ちが子どもを変える

黒木　そのあとも夏じゅう通いました。私の両親が住んでいるのは調布だったので、調布から川口まですごく時間がかかりました。娘は電車に乗るのも初めてですし、ラッシュアワーの人混みも音も苦手で「大丈夫かな」と思ったのですが、「エルベテークに行きます」と言ってエルベテークのバックを持っただけで、ちゃんとしました。初めのうちは何回か途中で降りたりしたので、時間はすごく余裕をみて

102

家を出たりしました。でも、夏の間、休むことなく通い、充実した日々でした。

河野　週に3回くらい通いましたね。「夏休みしかないからどうにかしてほしい」という形でお願いされ、いろんな思いで私たちの教室まで来られたことは黒木さんとお話して強く感じましたので、そうしました。それから、キンダーに行かれると、先生方が…。

黒木　夏休みが終わりアメリカに帰ると、キンダーの先生たちが娘の変わりように とても驚かれました。「表情が違う」って。「何をやったの?」と訊かれたので、エルベテークの紹介をしました。「すごく良い学習だったのね。私たちもぜひ協力します。どう指導していけばいいのか、詳しく教えて」と言っていただきました。「これで同じ方向を向けるんだ」と思いました。

　日本の慣れない蒸し暑さや満員電車でも嫌がらずに埼玉まで通えたこと。学校で10分と椅子に座っていられなかった娘が、エルベテークでは3時間の学習の間、ずっと座っていられたこと。これらがなぜできたのかは学習の様子を見学させていただいた時にわかりました。先生が毅然とした態度で真摯に向き合ってくださっていて「あなたを見ています」というのが娘にしっかり伝わり、娘も集中して先生を見て、気持ちが通じているのが側から見てもわかりました。そして、娘のちょっとした動きも見逃さないで1対1で妥協なく対応してくださっていた。細やかなテンポのよい学習、娘の状況を見て変わる先生の音程や表情に、私も娘と同じように夢中で見入っていました。

　「ああ、いままで目が合わなかったのはこういうこと。私の気持ちは通じていなかったんだ」と、私の対応も変わり、娘に「しっかりと見る・聞く」ことを学ばせていくことで応答などのコミュニケーションも増えました。私の実家に居候していたので、私の両親も、教室に通っていくことで娘が変わっていくのを見て、対応が変わっていきました。娘が変わっていくことによって、私と両親の関係もよくなっていく。もちろん、私と娘の関係もよくなっていく。学校の先生もそうですし、理解者が増え、チームとなる。そのチームを強化するために、私は情報や報告を行き渡らせ、常に同じ方向を向いて頑張っていけるように努めました。

■ 戦闘モードでは築けない学校との良い関係

河野　娘さんは、日本人学校ではなく、ずっと現地校に通っていらっしゃいます。す

05
黒木さん
ミドルスクール
8年生の母親

べてが英語の世界になります。その中で、学校の先生が協力し理解してくれるという時期もあれば、それが難しい時期もありました。それについて、小学校の頃はどんなふうに先生とのお付き合いの仕方を考えたのか、また家庭でどんなふうに学習に臨まれたのでしょう?

黒木 キンダーを含む小学校6年間の間、3年生で完全統合教育の学校に空きが出てようやく入れるまでは、何度も転校したり、ほんとうに落ち着きませんでした。最初に入ったのは高機能自閉症のクラスで、先生もクラスもとても気に入っていたのですが、1年も経たないある日、突然学校から電話で「学校区の予算がなくなったので、このクラスは廃止されます。春休みの間に自分で次の学校を探してください」と言われました。先生が気に入って次の学校を決めたところで休み明けにその先生は辞めていたり、いろいろなことがありました。

　一番大変だったのは2年生の時で、学習はエルベテークで頑張っていたため、スペシャル・エデュケーションのクラスに在籍していながら、教科は同じ建物の普通クラスに通っていました。でも、普通クラスの先生の理解がなく、机を班にして授業を受けているのに、娘の机だけ教室の隅に離れて置かれ、エイドさんがついているだけの状態でした。

　そういう時でも「学校と闘う」というのは私は向いていなかったので、河野先生にそのつど相談して、いまいる状況を改善すべく、学校の先生に感謝の気持ちを伝えながら「いまの娘はこうなのでこういう教育が必要です」と逐一お願いしました。強く伝えなければいけない時には校長先生をccに入れてeメールしましたが、その際も、まずは感謝を述べたうえで問題提起し、どうすればいいか相談という形で、「できればぜひこうしてほしい」とお願いすることによって良い方向へもっていくことができました。

　なによりも、クラスの隅で座っているだけで視界に先生が入らず、先生の言っていることなどまるで耳に入らない意味のない授業の時も、「団体行動を少しでも学ばせるだけでも」と毎日学校へ送り出せたのは、娘に合った家庭学習があったからです。「これだけは頑張っていこう」という軸があったので、へこたれないでいられたというか、サバイブできたんですね。

河野 アメリカは、訴訟社会と言われるように、自分自身の権利をいかに主張してサービスを勝ち取るかという傾向があるそうですね。学校との話し合いIEP（個別指導計画）

では、先生方、エイドさん、セラピストなど、その生徒の教育に関わるすべての人が集まって話をする場が年に1回行なわれ、そこで教育方針が決定するわけですね。

　黒木さんから「保護者が学校と対峙していかにサービスを勝ち取るかが当たり前」と聞いていたんですけれども、私としてはそれではうまくいかないんじゃないかなと思いました。学校と良い関係を築いていくからうまくいく可能性が高まること、それを黒木さんにお伝えしたら、おわかりになった。また黒木さん自身が戦闘モードでいく性格でもないですから。

　その後、黒木さんが学校の先生と「学校を信頼している、力を貸してほしい」という形で話し合っていかれたら、とても理解していただけるようになった。先生に「協力してほしい」という気持ちをもちながら、そして家庭での学習を頑張っていかれたのがいまに結びついているんだと思います。

黒木　やはり、学校の先生を敵に回していいことは何もないですから……。娘に障害があるとわかってすぐに、障害児をもつ親のサークルの集まりに参加したんですけれども、そこで「初めてのIEPはどうすればいいですか?」ってみんなに訊いたら、「闘って」「頑張って」みたいなモードだったんです。

　で、「どういう闘いなんだろう?」と思って実際IEPの会議に参加したら、最初だったので教育委員会みたいな人たちも一緒だったんです。昼の時間帯に指定されたので、「私、みなさんのお昼を持って行きたいんですけれど、何持って行けばいいですか?」と訊いたら大笑いされちゃいました。「そんなのいいわよ。そんなこと訊いた人、初めて」と言われましたが、いちおうみんなの分のマフィンを買って行ったら、びっくりされましたが、喜ばれました。

　もちろん、会議は和やかに進み、終わってからも全員にサンキューカードを書きました。「これから頑張っていく自信がつきました。これからもよろしくお願いします」と書いたことによって、そのあとでもフォローしていただけたり、対応が違うんですね。向こうも人間なので気持ちが伝わるというか……。みんな戦闘態勢で構えて行き、向こうも構えているから、たまに私のようにそうやって「みなさん集まってくれてありがとう」という感じの会になると和やかになりますね。実際、娘ぐらいのレベルで「こんなにサービスどうやってとったの?」とみんなに言われるほどけっこう良いサポートサービスもとれたりしました。

■「応援してくれる先生も友だちも増やすこと」が使命に

河野 私も戦闘モードと聞いた時に「えっ?」と思ったんです。また、海外の保護者の方と話しても、最初、みなさん全員がそうおっしゃるわけです。その場合には、「うちの保護者の方はそれやめましょう」という形でやっています。すると、みなさん、ほんとうにうまく行っているんですね。先生方のほうが「こんなふうに対応している保護者の方なんて教師生活で初めてだ」と言ってくださり、中には涙まで流す先生も何人もいらしたんですよ。つまり、先生方も「何かしたい」と思っているのに、最初から「信用していないぞ」という形で保護者がやって来ると先生方のほうはぎょっとしますよね。だから、同じ人間なんだな、どこの国でも一緒じゃないかなと思いますけれどね。

　先ほどの、娘さんが中学校の卒業式で「アメリカ忠誠の誓い」の代表に選ばれたのは30人ほどの先生が全員一致で賛成したからで、過去に前例がないそうです。じゃ、その提案を最初にしたのは誰かと言うと、音楽の先生が……。

黒木 他の先生から聞いた話なんですけれども、娘を「代表にしたい」と初めに名乗りを上げてくださったのが音楽の先生だったんです。それまでその音楽の先生は私が唯一中学で「闘っていた先生」でした。娘が2年の時に赴任されてきたのですが、スペシャル・エデュケーションについて理解がなく、自分の音楽の理想がある方だったんです。その時、娘はコーラスの選択授業をとっていたんですけれども、秋の文化祭みたいなところでコーラス発表のリハーサルまで出ていたのに当日、「出なくていいから」と削られたんです。歌のじょうずな、先生のお気に入りの子たちだけでじょうずにやって、讃えられて……という感じだったんですね。

　私は「これでは統合教育の学校じゃないのでは……」と、校長先生に抗議をしたのですが、その時はしょうがないみたいに濁されました。でも、「闘ってもしょうがないな」と思ったので、そのつど音楽の先生に「娘、先生のクラス大好きなんです」ってちょっと持ち上げました。実際ほんとうに娘は音楽が好きなので、「先生にコーラスの楽しさを教えてもらってとってもうれしく思います」と感謝も伝えました。アメリカでは学年末とクリスマスの時に、任意ですが先生にお礼状を書いたりプレゼントを渡したりします。そういう時にも必ず感謝の気持ちを伝えました。そして放課後の特別練習にも休まずに積極的に参加したり、挨拶をきちんとして真摯に学ぶ娘の真面目さを認めてくださって、先生も熱心にご指導くださるようになり、娘の歌も上達してその次の発表会は一員として真ん中で楽しく歌うことがで

きました。

　その先生が娘を卒業式での代表として「ぼくは彼女を推したい」と最初に言ってくださったんだそうです。周りの先生も大賛成で、そういう感じで愛される子に育ちました。

　やっぱり学校に行って、応援してくれる先生も友だちも増やすことが私の使命だと思っていたので、そういうフォローアップはすごくしていました。私がエルベテークに出会う前、行き詰っていた時は「私がなんとかしなきゃ」という思いとか「なんでこんなふうに産んじゃったんだろう」とか、そういう思いだけで押しつぶされてたんですね。

　ただエルベテークと出会うことによって「これだけ頑張ろう」という軸ができました。あと私は「こういうチームづくりをしていこう、みんなが同じ方向を向いていける、娘を同じふうにサポートしていくように私が根回ししていこう」という立場に立とうと思いました。母親としてやることをやったら、それ以外は娘と一緒に楽しもうと思って、そういうふうに過ごしてきましたね。

河野　学校も守ってくれるんです。もちろん、最初からそうなったわけじゃなくて、長い年月をかけてそうなった。そして、今回卒業式で先生方全員が娘さんを指名したということ、そこに答えがあるような感じがするんですね。

　話がはずれますけれども、いま、日本でももう少し学校教育と連携していく必要があると感じます。つまり、「学校なんて行かなくてもいいよ」とか「教育はいろいろあるんだ」というんじゃなくて、もう少し学校を大切に扱う、良い関係を築く、そうして学校の意義というものをもう一度見直すべき時期だとつくづく思いますけれどもね。

　黒木さんの娘さんを見ていると、家庭学習をほんとにしっかりなさっていらっしゃるんです。家でもどんなふうに学習させてきたのかをお話していただけますか？

05
黒木さん
ミドルスクール
8年生の母親

■ 子ども自身の「できること」「わかること」がサポートの幅を広げた

黒木　エルベテークに出会う前は知育ドリルとか買いあさってやったりしたんですけれども、思うようにいかなくて「なんでこんなことできないんだろう？」と思って自分もイライラして、ストレスがいっぱいでした。結局、泣きながらやらせてもいいことないですよね。何も頭に入らないし……。でも、エルベテークでいまの娘

に必要な学習と教え方を指示していただき、「これだけはマスターさせよう」と思い、自分でコピーを何枚もとって、時間を決めて「これ、頑張ろう」と言って一緒に取り組みました。

そうやって、できるようになる。初め算数は意味がわからないので、ご指導いただいてまず暗記するようにやらせました。すると、彼女も覚えて少しずつできるようになると自信がつきますよね。私も手ごたえを感じることができる。この段階はできる。それが学校の学習にそのままつながるので活かせる。それが親子の自信につながっていきました。「よしできた」という手ごたえが大事で、それを得るにはとてもすごく時間がかかって大変な時もあるけれど、着実にできるようにしていきました。2人だけでなく、エルベテークの先生に見ていただいて「これ、じょうずになりましたね」って言っていただくことによって、前向きに取り組むことができました。

初めはひらがなとカタカナ、たし算を頑張らせました。小学校で授業がかけ算に入った時には、もう娘はすらすらできたので、他の生徒がびっくりするわけです。その時は普通クラスでお友達もいなかったのですが、放課後私が迎えに行った時に、一人の子が娘のことを「かけ算のテストで満点だったの、一人だけだよ。ぼくすごいなって思った」と言いに来てくれたんです。それから他のお母さんから「うちの子が『あなたの子はすごい』って興奮してたわ!」と言われたり、それまではなかった、友達と一緒にいる場面も多く見られるようになりました。「いろんなできないことはあるけれど、勉強ができる。すごい」という存在になり、話しかけたり、いろんなことをお友達がサポートしてくれるようになった。そして「娘自身にも変化が出た」とほんとうに実感できた時でした。

きちんと学力をつければ周りが認めてくれて、自分も手応えや自信がついて、人間的に伸びていく。いろいろなことができるようになって、娘も変わっていったし、私自身も変わっていったんです。まさに河野先生の本に書いてあった、学習がコミュニケーションにつながったんです。

■ 周りに働きかける親の知恵

河野　学校でそういった結果を少しずつ出していくことによって周りも認めてくれる。

108

特に、先生はもちろんですけれども、友だちも「すごいじゃないか」と認めてくれる。その頃から友だちとの関係はずいぶん変わりましたよね。

黒木 友だちについても私は学校の先生一人ひとりに働きかけました。スピーチセラピスト（言語聴覚士）もいればスペシャルエデュケーションの先生もいるし、ふつうの先生もいますので、「娘をサポートしてくれる友だちがいたら教えてください」「娘がこういう時にこういう友だちが助けられるというマッチングをしてください」とお願いしていたんですね。サポートしてくれる子を常につけてくれるように頼んだんです。

　というのは、エイドさんがいたらエイドさん任せになって、休み時間でもエイドさんと2人で遊んでいるだけなんです。友達と遊んでいなかったので、なんとか娘を友だちと遊ばせたいと思ったのでそうお願いしたら、「私が面倒みる」っていう子がやっぱり出てきてくれました。そういう子と良い関係をもたせたいと思ったので、土曜日とか日曜日は誘って映画に行ったりしてフォローアップをし、私が間に入って「こういう時にこういうのを助けて」とお願いしたりとか、友だちづくりをしていきました。

河野 エイドさんは日本で言ったら支援員の先生、補助の先生です。加配※の先生と言われたりします。先生の監督・指導のもと、生徒のサポートをすることになっていますが、先生によってはエイドさん任せにしたり、エイドさんによっては過保護になり、自立の妨げになってしまう危険もあります。

05
黒木さん
ミドルスクール
8年生の母親

■ 子育て＝プロジェクトというとらえ方

河野 学校で評価されるためには家庭学習が大切だと思いますが、どんなふうに学習していましたか？

黒木 はじめは、提供されたセラピーだけで時間的に追われてアップアップでした。「これじゃいけない」と思って、セラピーを何個も自分でカットしまして、エルベテークの時間をつくりました。そして、まず「今日はこれだけやろう」「今日はこれが課題」というのをいつも決めて、私と1対1で頑張りました。ある程度自分でで

※加配　規定の人数に追加して配置される教員や保育士

きるようになったものは、「ママがお洗濯している間に一人で頑張ろうね」というふうにきちんと座って自分で取り組むようにさせました。

　小学校で疲れて帰ってくると「座っていられなくて嫌だ」と言ったり、私が離れた時にすぐ椅子から離れたりするので、そういう時は私がサポートして、学習時間は1時間くらいでした。お腹もすいたりするとちょっと間隔をあけたりして、「じゃ、次、頑張ろうか」と。私はぴしゃっと強くは言えない母親だったので……。でも、彼女がどういう状態だというのを一番理解しようとしていたので、「今日はこうだからこうしよう」というふうにしました。

　何事にもそうなんですね。たとえば、問題行動も全部プロジェクトと考えて、「これを試してみよう」と思って、うまく行かなかったら「じゃ今度はこう試してみよう」というふうにしました。河野先生をはじめ学校の先生やエイドさんとかいろんな人に「いまこういう問題行動があるのですが、どうすればいいでしょうか?」と逐一質問して、いただいたアドバイスを試してみる。取り組むリストをつくって一つの

Kさんの日記(キンダーの頃)

プロジェクトとして遂行していく。すると自分で抱え込まないし、ストレスにならないですね。「あっ、これうまくいかなかった。相手はこう来たか」と作戦を立てるのも楽しい。学習もそうですね。常に彼女の状態を見て「今日はこうだからこうしよう」と。そういうので対応すれば、彼女も「押し付けられていない」って思うのでちゃんとやってくれるようになりました。

■ 日記を教材として活用する

黒木　エルベテークに行ってメリハリがつくようになって、自分たちの時間もつくるようにして、無駄なものを省きました。一緒に何かをする時間を必ずつくって、したことを必ず日記に書かせる努力はしました。自分で書けないので、「何したね、じゃこう書いてみようか」っていう促しから始めました。いまもたまにヘルプは必要なんですが、自分で日記を書いて、自分で自分の書いた日記を読む。

Kさんの日記（ハイスクール3年生）

本を読むのが苦手な子ですが、自分でやったことは喜んで見ますよね。「あれやったね」とか、「ディズニーランドでこの間あれしたね」とかの話を自分からもするようになりました。「次はこれやりたい」という欲求がまるでなかった子でしたが、「ママ、今度はあそこに行きたい」って言ってきたり、だんだんそういう成長がみられるようになりました。

河野　初めの頃は、じょうずに押し付けたり導いたりしながら、毎日、必ず学習をさせていらした。そこのところが大きいと思います。そのひとつが日記ですね。私たちのほうもその日記を見て、学習の中で質疑応答し、訊いていくわけです。いつどこでだれがどうしたという具合に。過去を振り返って思い出して説明する材料であり、私たちも使えるという、一石二鳥でしたね。

■ 勉強しないと気が済まない

黒木　家に帰ったらすぐに娘は机に自分から向かいます。学校から帰ってきたらまずエルベテークの宿題をやる。そのあとに学校の宿題をします。やることは自発的にやるという習慣が身につきました。休みの日も起きて支度を整え、自分からエルベテークの宿題を始めます。

河野　私たちの教室の宿題は彼女のいまの力に応じた課題だからなんです。学校の宿題は授業の進度に応じた課題であって、子どもの力に応じたわけではないですから。

黒木　毎年、学年が変わる時に「いまの娘の状態はこうです。エルベテークはこういう学校です。いままでこういうふうにやってきました。いま学習しているのはこういうことです」と説明し、学習の連携を学校の先生にも理解していただいているんです^(*4)。

　学校の宿題を後回しにするというのは、学校の宿題はみんな一緒で、悲しいけれど娘は自分一人では全部ができないことが多いからなんです。特に、中学に入るとどんどん他の子と差がついてしまう部分が出てきます。たとえば、読解能力が弱いので、算数の計算はじょうずにできても文章問題は不得意とか、文章問題は頑張ってここらへんまではできるけれど、それ以上の応用問題は無理だとか。ぜんぜんできないものや嫌がるのを無理やりやらせても頭に入らないので、「ここは必要。これは少しプッシュしてここまでできるようにする」という範囲を決めています。

ハイスクール／社会のノート

　そのためにも学校の先生には「ここは頑張らせているんです、でもここはやっぱりどうしても無理なんです」とお伺いを立てて、理解していただくことも大事だなと思います。そういうことは常時エルベテークの先生に相談しています。もちろん、それは学校のいまやっていることを理解するのに必要なものなので、学校の宿題を疎かにしているわけではないんです。

河野　大事なところは、「いまうちの子どもにとってはどこが課題なのか」「ここを練習させなくちゃいけないぞ」というところを親が知っておくことですね。あれもこれもと思ったら、的を絞れずに曖昧で、どんな進め方をしたらいいのか、わからなくなります。そこらあたりをわきまえてやっている方と右往左往しながら訳分からずにやっている方とでは結果が違ってくるんじゃないでしょうか。

　黒木さんの場合、じっとしていられない、独り言が多いという不適切な言動に対して、それをやめさせようと注意し続けたことが大きいですね。セラピーに行っても「こ

の子の個性・特性なんだ」とか「独り言でもいっぱい喋ることによってストレスを解消しているんだ」とかいろんなことを言われて、「ほんとうにそうかな」と思っていたのが、やはり「ふつうの子どもがこうしていたらやめさせるよな」と冷静に考えられるようになって、そこから接し方がすっきりされたんじゃないでしょうか。

■ 娘の成長を実感

黒木 不適切な行動は親としてやめさせたい、周りに好感度をもってもらいたいという意味でも「これはしちゃいけないんだよ」ということは教えなきゃいけないと思っていました。小さい時は説明してもわからないので、「これはしません」と常に注意していました。ある程度大きくなって理解力が出てきたら、「変だよ」とか「これはしないほうがいいよ」とか。「しません」とはっきり言わなきゃいけない時はぴしゃっと言いますけれど、自分で「いけないんだ」と考えさせる方向にもっていきました。そうすると、「周りの子がしていないから私もしちゃいけない」という部分が出てくるんですよね。

　たとえば、今回日本に来てエルベテークの教室に行った時に、満員電車の中で私が「暑いよね」って娘に話しかけたんです。そうしたら、「ママ、みんな静かにしているよ」と言われたぐらいです。「やられた」と思いました。学校でも、「みんなに『静かに』と言っても話をやめないクラスメイトには娘が一番に注意してくれるのよ」と学校の先生から聞きました。

　もちろん、行き過ぎるといけないなと思うんですけれど、理解力が出てきたのは頼もしいなと思います。やるべきではないことを「いけないことだ」と彼女が理解しないといけない。ふっと睨んだ私の目線を見ただけで「いけない」というのがわかるようになれば「こっちのものだ」と思います。どうしても忘れやすいし、同じことを繰り返しても気づくことができる。学校の先生には「できれば、表情や声色を変えるだけで注意してください。そうすると、娘は『これはいけないんだ』と自分で考えて直しますから」とお願いしています。

　母親としていま子どもがどういう状態なのか、どういうことがしたいのか、必要なのかを把握することは真剣に向き合うことでやってきました。私が一人だけで教え込むのは限界がありますし、私のストレスは家族全員に良くないので、理解者

114

を増やす、子どもを愛される子に育てるということが母親である私の任務・役割だと思います。

　当たり前のことができるということ、きちんとすることがすごく大事で、みんなに好感度を与えると思ったので、「ありがとう」「ごめんなさい」はきちんと言えるように教えました。昨日もレストランに行った時に、お水が減ってお店の方に入れてもらったら「どうもありがとうございます」と娘は言っていました。お店の方は「いえいえ、とんでもございません」とびっくりされていました。そして、会計を済ませた私の母に向かって、「ばあば、ランチごちそうさま。どうもありがとう」と自分からお礼をきちんと言えていました。

■ 判断基準を教える大人の役割

河野　固執しているとか、こうしなくちゃ気が済まないとか、本人も好きでやっているわけじゃないんですね。「やめなさい」と言う場合には、必ず目を合わせたうえで「いまこうすべきだ」と導いていく。「どうしようかなとか、したほうがいいのかな、自分で考えてごらん」じゃなくて、「やめなさい」ときっぱりと伝えて、白黒というか善悪というか明確に教えていくことが大人の役割だと思います。

　本人がイライラする時でも、親や大人が目を向けるだけで「まずかった」と自分でコントロールできる、そういった力が周りからも好かれる、楽しく関わってくれるということになるんじゃないでしょうか。これからの人生、いろんな人と関わりをもっていろんな人の協力を仰いでやっていくことがいっぱいありますからね。

黒木　娘には診断が下りる直前に生まれた弟がいます。けれども、私が姉のほうに一生懸命だったために、息子の教育がちょっと疎かになってしまいました。小さい時から息子は娘のセラピーの待合室や車の中で1日の多くを費やしてきました。自宅でも娘のセラピー中や私が娘の宿題にかかっている間、いつでも静かに待たせるためにゲームなどを持たせていた気がします。それがいけなかったのか、気がついたら学校から帰るとすぐにゲームを始めます。家に帰ってすぐに勉強を始める姉を見習わせるべく机に座らせると、今度は姿勢が悪い。

　娘の場合、エルベテークの助言のもと、新年度には毎年、担当する先生方やスタッフ全員に、保護者から見て娘の現在の様子や課題、効果的な接し方をレポー

トにまとめてお渡ししていますが、その中に必ず「姿勢が崩れている時は集中力が散漫になっていますので、姿勢を正すようにご指導ください」とお願いしていて、すると「クラスを見渡したら多くの生徒の姿勢が崩れていて、正しい姿勢は集中力につながることを実感しました」と先生方に感謝されることも多いのです。そのたびに、「エルベテークの教えはどの国でも、障害のあるなしに関係なくすべての生徒に共通だ」と優越感さえ感じていた私なのに、自分の息子が机に伏せて勉強をしているとは目眩がしました。

　「これはなんとかしなければ」と思い、最近、息子もエルベテークにお世話になり始めた次第です。家に帰ってゲームをしようとする息子に「お姉ちゃん、勉強しているよ。あなたもまずはやるべきことを頑張ろう」と言うとまだまだふてくされますが、お姉ちゃんのすごいところを認めつつ、少しの時間でも集中して学習することを始めて、息子もみるみる学力がついてきたことを実感しています。

河野　ありがとうございました。

（第 11 回 /2018 年 7 月 14 日）

【補足情報】 当日の質疑応答から

＊１　ご褒美をぶら下げた上での機械的な訓練ともいえるようなセラピーも一部にありました。また、娘が飽きるとすぐに好きなようにさせたり、ぐずると「今日は気分じゃないみたいだから」と切り上げたり……。

＊２　**質問**　アメリカの障害児教育は進んでいると言われていますが、日本で学んでいるのはなぜでしょうか？
　　　黒木さん　「アメリカではいろいろな療育法・セラピー方法が開発されているのになぜ日本へ？」と言われますが、見るべきものを見る、聞くべきことを聞く、やるべきことをやるという基本を教える指導はアメリカではなかなか見つからなかったんですね。アメリカでは研究の一環として教えられているという雰囲気がとてもありました。セラピーといっても、大学を卒業したばかりのほやほやの人が派遣されてきたり、指導はこういうものという感じ。「子ども自体をよく見ていない」と思ったので、私としては「これは違う」と思い、エルベテークに出会って「これだ」と思ったのが、日本で学ぶようになったきっかけです。

＊３　その時にいただいたエルベテークの指導指針 12 項目は、まさにすべて「こうなって欲しい！」と思いながらも、「無理だろうなあ」と半ばあきらめていたものでした。

＊４　日本へ急に帰国が決まってあたふたしていたお友達にエルベテークを紹介しました。日本中から生徒さんが通っていて大きな成果をあげていること、学校との信頼関係づくりに詳しいこと、娘のこれまでの様子などを具体的にお話ししました。すると、日本に帰られてすぐにエルベテークに通われるようになり、どうしていいかわからなかったところを先生方に支えていただいて、心強く日本での学校生活をスタートできたと感激されたと同時に、もっと早くからエルベテークに出会えていれば、と嘆かれていました。

　　　＊１、＊３、＊４はエルベテーク季刊誌 2015 年秋季号（102 号）から

05
黒木さん

ミドルスクール
8年生の母親

117

成長のフローチャート／前川くん

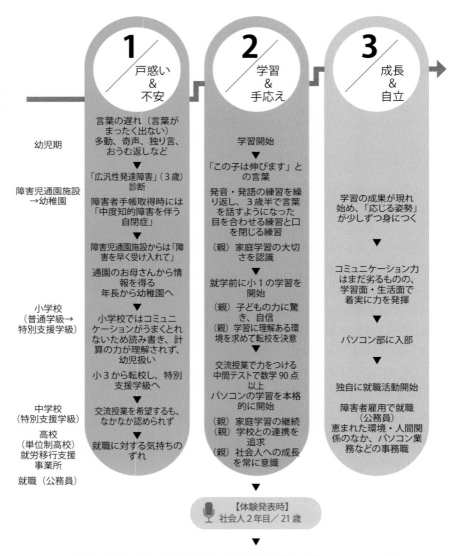

1 ／戸惑い＆不安

2 ／学習＆手応え

3 ／成長＆自立

幼児期

言葉の遅れ（言葉が
まったく出ない）
多動、奇声、独り言、
おうむ返しなど
▼

学習開始
▼

障害児通園施設
→幼稚園

「広汎性発達障害」（3歳）
診断
障害者手帳取得時には
「中度知的障害を伴う
自閉症」
▼

「この子は伸びます」と
の言葉

発音・発語の練習を繰
り返し、3歳半で言葉
を話すようになった
目を合わせる練習と口
を閉じる練習

学習の成果が現れ
始め、「応じる姿勢」
が少しずつ身につく
▼

障害児通園施設からは「障
害を早く受け入れて」
通園のお母さんから情
報を得る
年長から幼稚園へ
▼

（親）家庭学習の大切
さを認識

就学前に小1の学習を
開始

コミュニケーション力
はまだ劣るものの、
学習面・生活面で
着実に力を発揮
▼

小学校
（普通学級→
特別支援学級）

小学校ではコミュニ
ケーションがうまくとれ
ないため読み書き、計
算の力が理解されず、
幼児扱い

小3から転校し、特別
支援学級へ
▼

（親）子どもの力に驚
き、自信
（親）学習に理解ある環
境を求めて転校を決意

交流授業で力をつける
中間テストで数学90点
以上
パソコンの学習を本格
的に開始

パソコン部に入部
▼

独自に就職活動開始

中学校
（特別支援学級）

交流授業を希望するも、
なかなか認められず
▼

（親）家庭学習の継続
（親）学校との連携を
追求
（親）社会人への成長
を常に意識

障害者雇用で就職
（公務員）
恵まれた環境・人間関
係のなか、パソコン業
務などの事務職

高校
（単位制高校）
就労移行支援
事業所

就職に対する気持ちの
ずれ

就職（公務員）

▼
🎤 【体験発表時】
社会人2年目／21歳
▼

【現在 社会人4年目／23歳】毎朝7時に都心部の職場へ出勤、8:30〜17:15 の仕事。
礼儀正しく、一生懸命に物事に取り組む性格

みんなが知りたい、「発達の遅れ」を乗り越え社会人になるまで

前川さん
社会人2年目の母親

聞きて
河野俊一さん
エルベテーク代表

毎朝7時起きで出勤する社会人2年目の前川くん。幼児期には言葉がまったく出ず、多動、奇声・おうむ返し・独り言が続き「知的遅れを伴う広汎性発達障害」と診断。学習の成果・効果を間近で触れた母親は……

本文中敬称略

■ 障害者雇用で官公庁に就職

河野　前川さんにはお子さんがお二人いらっしゃいます。お姉さん、そして今回の成長記録になる21歳の息子さんです。息子さんは3歳になった時に私たちの教室に通われ、中学3年生まで学習されましたが、その後もいろんな関わりをもっています。現在、社会人になって1年9カ月経ち、仕事のほうも一生懸命頑張っていらっしゃいます。いま、ハンディをもったお子さん方の就労が社会問題になり、注目されていますが、去年の4月に就職されてから現在まで、彼がどんな仕事をしてどんな様子なのか、そこから簡単にご紹介いただけますでしょうか?

前川　お話がありました通り、現在、息子は21歳になりまして、昨年の4月より障害者雇用で就職いたしました。職種は事務職で、ルーティンでする仕事と上司から依頼された仕事をしております。内容ですが、上司や周りの方の事務補助、郵便物を仕分けして各部署へ配る仕事、それとパソコン業務で名刺入力やデータ入力、資料の作成などをしております。毎朝7時前に家を出まして8時半から5時15分までの勤務です。これまで体調不良などの欠勤は一度もなく、元気に毎日出勤しております。

　通勤の様子ですが、都心での乗り換えですので、最初はラッシュ時の人の流れ

に沿って歩くこともできず、人とぶつかりそうになり文句を言われることもよくありました。車両のどの位置に乗ってどこの改札口を使ったらいいか、夫と試行錯誤しながら毎日交代で1カ月ぐらい通勤に付き合いました。いまでは帰りに寄り道をして帰ってくるくらい、ラッシュ時も通勤に慣れてきました。それから、職場での様子ですが、職場があまりざわつきがないことと長時間机に向かうことに慣れていますので、環境的には息子に合っていて、落ち着いて作業をしているようです。

河野 実は、彼が3歳の時には言葉が一音も出ていなかった。しかも、多動で、奇声を発していた。そういった状態だったんですけれども、お母さんやお父さんが「どうにかしなくちゃいけない」と考えて行動を起こされたことがきっかけになったと思います。前川さん、お差支えのない範囲で結構ですので、どちらで仕事をされているのか簡単に……。

前川 官公庁のほうに勤めさせていただいています。

河野 東京の都心部で勤務しているわけですね。お聞きした話では、ルーティンの仕事以外に、「これをこういうふうに作成してくれ」という書類作成の仕事も半分ぐらいあるそうですけれども、きちんとこなしているということです。

■ 通園施設からのアドバイスは「障害を早く受け入れて」だけ

河野 話が元に戻りますが、幼児期の様子からお聞きしたいと思います。

前川 2歳半くらいで上の娘との違いを感じ始め、3歳すぎても言葉はなく反応も薄く、周りの同じくらいの年頃の子にも興味がなく一人で遊んでいるような子どもでした。そんな様子に気づいた私の母が自閉症の本をそっと置いていきました。その頃、障害のことなどまったく考えていませんでしたので不安はいっきに膨らみました。毎朝、目が覚めて現実を受け入れることがとても辛かったことを覚えています。

その頃の診断名は「広汎性発達障害」でした。その後、障害者手帳を取りまして、その時の診断名は「中度知的障害を伴う自閉症」で、社会性、コミュニケーション力、想像力、言葉の理解度も未発達という状態でした。どうしたらいいのかわからず、発達相談員の方に勧められトレーニングということで週1回、障害児通園施設へ通っていました。そこの施設では手遊びをしたり歌を歌ったり、お母さま方のお話を聞いてくださったりしていました。でも、施設の先生方は「お母さんが

障害を早く受け入れて穏やかに過ごすように」とか「不安は私たちに吐き出してください」といったお話ばかりで、不安はいっこうに消えませんでした。時間ばかりが過ぎていき、毎日悶々としていました。

河野 その後、私たちの教室と出会われたわけですけれども、そのきっかけと、その後、どういうふうにお子さんは変わったのかについてお話しいただけますか?

前川 トレーニングに通ってらっしゃるお母さまからエルベテークの話を聞きました。毎日どうしたら息子が成長するのかを思い悩んでいましたので、すぐに相談会へ行きました。先生の対応は毅然としていて、短時間で息子の特性を見極め、今後の指導のあり方も明確にお話ししてくださいました。なにより「この子は伸びます」と言ってくださいまして、一筋の光が射した思いがし、「ここしかない」と思いました[*1]。

その後、3歳でエルベテークに通い始めました。言葉はなかったのですが、繰り返し発声・発音の練習をしていただき、3歳半くらいから単語を言うようになり、その後、動詞、形容詞を少しずつ話すようになりました。障害児施設では親の膝の上に子どもを乗せた状態での指導でしたが、エルベテークでは先生が子どもと向き合って常に口元を見るように指導していただきました。半年もしないうちに「ママ」と呼んでくれた時はほんとうにうれしかったことを覚えています。その後、エルベテークからの勧めもあり、幼稚園の年長クラスに入園いたしました。障害児手帳ですが、小学校へ入学する前に状態は「中度」から「軽度」へ変わりました。

河野 目を合わせられるからこそ、口の閉じ方や開け方を子どもは理解するわけですね。驚かれるかもしれませんが、息子さんへの指導では、目を合わせることと同時に口を閉じることを教えます。「言葉は出ていないのに……」と思われるかもしれませんが、私たちは長い経験から「多くの子どもたちは口がぽかーんと開いているから独り言や無意味な音を出している」ととらえています。口を閉じるのが、目を合わせることの次に大切な指導なんですね。前川さんは教室と同じようにお家で一生懸命練習されました。それが「ママ」という発語につながったんだと思います。

■ 小学校・普通学級に入学したものの……

河野 ところで、10月、11月は年長のお子さんが就学時健康診断や就学相談を受け

る時期ですけれども、前川さんの場合、入学までの経緯はどうだったのかをお話しいただけますか?

前川　幼稚園に通っている頃からエルベテークでは1年生の学習を取り入れてくださっていました。ですから、宿題の内容を見て「息子にこんな学力があるのか」と驚いたほどです。学習を始めていなければ見過ごされていた力だったと思います。それが私たち夫婦の自信にもなり、エルベテークとも相談をして「普通学級へ入学させよう」と決めました。そして、入学前、指導上配慮していただきたい点のレポートを校長先生にお渡し、そこで息子の特性をお話してご理解をいただき、入学を許可していただきました。

河野　小学校に入られてからの様子をお願いします。

前川　指導上配慮していただきたい点のレポートを担任の先生にもお渡ししましたが、配慮の意味が違う方向へ行ったんです。クラスの何人かに息子のお世話係を任せ、先生がその子たちをほめ、その子たちは喜んで息子のお世話係をする状況になりました。息子ができることもすべてその子たちがやってくれ、先生も抱っこやおんぶをして赤ちゃん扱いし、息子を喜ばしていました。そんな状態を知りまして、私も何日も授業に入り、息子が先生や黒板に目を向けることができているか、指示を聞けているかなどを確認しに行きました。先生としても息子がクラスに

学習ノート（小学2年生）

なじみ、クラスの子たちが息子を受け入れられるように考えてくださったとは思うんですが、だんだん息子は甘えが出てきて、崩れてしまい、好き勝手をするようになっていきました。

　先生には特別扱いしないよう何度もお願いいたしましたが、「お母さんがいるとちゃんとやるのよね」と言われ、そのうちに「私はあなたのお子さんだけを見ているわけではありませんので」と言われてしまいました。校長先生や教頭先生とも何度もお話し合いをし、指導の仕方をお願いいたしましたが、校長先生は「障害児は障害児に合った教育をすべき」と支援級へ行くように何度も言われ、結局、3年の時に支援級へ移ることになりました。

■ ほとんどの科目で交流授業

河野　私も相談をいただいていましたので、この時の経緯は知っているんです。先生方もどうにか受け入れてやっていこうと思われたんでしょうけれども、なかなかうまくいかなかった。結果としては彼自身が特別扱いされ、「前川くんだったらいいよ、しょうがないわね」ですべてが済まされる部分が多くなり、だんだんそれに慣れてしまったんですね。前川さんとしても「できるだけ普通学級で頑張りたい」とおっしゃっていたんですけれども、彼が教室からいなくなったりする問題が起きて、どうしていいやらわからなくなった。そんな経緯があり、別の学校の特別支援学級へ変わることになったんですよね。

前川　最初の学校の支援級は普通学級への交流授業をやっていませんでした。また、支援級の生徒たちの離席が目立っていても、それを注意指導する先生がいらっしゃらなかったので、「ここで息子は成長できない」と判断し、別の学校の支援級へ転校しました。転校先の支援級に入ってからは先生と毎日連絡帳でやりとりをし、いままで甘えてきたことやしてはいけないこと、しなくてはいけないことなどの生活面をしっかり指導していただきました。

　ただ、新しい学校の支援級の先生も障害児に必要なのは生活面と体力ということで、学習面は重視していませんでした。転校前には、「支援級に通っている生徒さんでも普通学級に行ける子は体育や図工、音楽などの授業に入れている」というお話を聞いていましたので、「息子も算数をはじめ他の授業にも入れさせてい

ただきたい」と何度もお願いいたしました。前の学校では担任の先生や校長先生と戦っていたような感じでしたので、もうあのような思いはしたくないと思い、先生を立て、「家庭でも一緒に指導していく」という姿勢を常に見せていました。

　エルベテークからは支援級へ移ってからも家庭学習の大切さを伺っていましたし、学習を通して学力だけでなく周りを見る力や自身のコントロールの取り方、指示や注意を受け入れる力などが成長できると信じていましたので、支援級へ移ったからといって「学習をもうここでやめよう」とは考えていませんでした。

河野　ふだんは特別支援学級に在籍していて、力がある教科について普通学級に通うという交流学習ですが、多くのケースが音楽や体育といった科目、そして給食の時間のようです。当時の担任の先生は、最初、学習の必要性を感じていらっしゃらなかったようですけれども、彼が漢字も読み、書けること、算数の力もあるということに気づかれ、それから先生の接し方が大きく変わられたそうです。いま話にありました算数とか国語とかも親学級で学習するようになった。6年生の頃は多くの科目が……。

前川　すべてではないですけれども、算数と音楽。国語も最初の頃は入っていたと思うんですが、だんだん難しくなりました。あとは図工、体育、道徳などの授業です。また、交流学級の催しなども交流学級の先生が呼んでくださり、学校行事はすべて普通学級のほうで6年生まで過ごしました[*2]。

河野　ということです。ですから、ほとんどの科目を交流学習という形で学んでいたんです。

■ 数学90点を超える実力とパソコン授業

河野　そして、中学校に入るわけですが、ご両親の気持ちは、「中学校でも交流学習できる形で支援学級のほうへ進めたら」だったんですけれども、中学校に上がる前の就学相談で約束してもらっていたにもかかわらず、実際は違ったんですよね。その話を簡単にお願いします。

前川　中学の特別支援学級に入学する前には支援学級の先生にお会いしまして、6年生の時のテストといままで学習してきた成果をお話しいたしました。そこで英語と数学と美術、音楽、体育などの授業で普通学級へ入れていただけるという許可をいただきました。ただ入学後はなかなか普通学級のほうへ入れていただけず、

エルベテークのほうへ相談いたしました。エルベテークからは「定期試験を受けさせていただけるように学校へお願いしてみてください」というお話をいただき、学校へお願いいたしました。そこで定期試験を受けさせていただいたおかげで息子の学力をやっと認めてもらうことができ、7月上旬くらいからだったと思います、やっと普通学級へ行けるようになりました。

河野　先生方の学校のご都合もあったと思うんですけれども、「普通学級のほうの準備ができていないので、中学校生活にまず慣れてから」ということでそのままになっていたんです。そして5月中旬に中間テストを受けました。その時の点数を教えていただけますか?

前川　数学は90点以上をとっていたと思います。英語は60点台、国語は50点台だったと思います。

河野　すると、「なにかの間違いじゃないか」となったそうです。しかし、それでも交流教室への話は出てきません。結局、7月の最初にあった期末テストまで受けることになり、そこでも同じような成績を出したわけなんです。今度は「どうしてこの子を普通学級の授業に出さないのか」と職員会議で話題になったそうです。「普通学級の子どもたちよりも頑張っているじゃないか、授業も受けていないのにこれだけ成績を取れるのはすごいことではないか」と英語の先生方がおっしゃって、ようやく交流学習が始まった。そうすると先生方もだんだん彼の力をわかってきます。それから中学校生活が彼の成長に大きく影響してくるようになったんですね。では、そのへんをお話しください。

前川　中学の学習はだんだん難しくなります。試験の成績が少しでも上がるようにエルベテークで熱心に指導してくださいました。また、中学での力添えがあって、その後の息子の学習への意欲とか姿勢が備わったと思っています。中学ではパソコン部に入っていました。パソコンは小さい頃からいじっていまして、きちんと指導を受けたのは中学生からです。中学に入学する前に地区の特別支援学級をすべて見学したところ、学習に対する考え方が私たちに近い思いのある先生が支援級の授業にパソコンを取り入れていることを知りました。学区外で自宅からは遠かったのですが、その学校を選びました。

　というわけで、中学の特別支援学級の授業の中にパソコンの授業が毎日ありました。また、支援級の先生は部活のパソコン部の顧問もしていましたので、パソ

06
前川さん

社会人2年目の母親

コン部にも入部いたしました。息子が少しでも成長できるようとの先生のご配慮で中学2年生の時に副部長を経験させていただき、3年生の時は部長を経験させていただきました。パソコンに関してはその後、高校でも選択授業で受けていました。

河野 先生も彼の力をわかったうえでパソコンの学習を取り入れられた。さらに、その先生がパソコン部の顧問もされていたということで、すべてが良い方向へ行ったんですね。中学校生活は彼にとっては非常に充実したものだったと思います。

■ 就職という目標へ向かっての家庭学習

前川 息子が中学生になってからの目標は就職でした。地区の特別支援学校高等部の先輩のお母様方からお話をうかがったところ、就職できる生徒は毎年1人

【 学習の記録 】					
	現代文A	世界史A	数学A	化学基礎	体育	保健
前期	79	71	92	96		
後期	81	83	81	81	85	96

	コミュニケーション英語Ⅱ	家庭基礎	コース	選択
前期	87		92	
後期	93	98	91	100

【 学習の記録 】					
	国語表現	日本史A	数学Ⅱ	生物基礎	体育	書道Ⅰ
前期	79	73	80	88	55	100
後期	80	82	96	89	90	100

	コミュニケーション英語Ⅱ	コース	選択
前期	87	93	80
後期	93	96	95

定期試験の結果　上／高校2年生　下／高校3年生

か2人というお話を聞きました。息子はコミュニケーション力も対話力も未熟ですので、「特別支援学校へ入学したら間違いなく就職はできない」と判断しました。そこで、単位制高校へ入学することにしました。入学前はいままで地元から離れたことがなく、電車を乗り継いで通学する不安がありました。また、中学まで支援級でしたので学習していない教科がたくさんあり、「授業についていけるかな」と不安はたくさんありました。電車通学ですが、どの位置に乗って乗り降りして電車の中のマナーとか遅延の時の対応などを教えるために私が1カ月ぐらい通学に付き合いました。

　学習面では、授業中に先生が試験のポイントなどをお話しする内容を聞き逃さないようにチェックすることや、家庭での試験勉強について1年生の前期の試験の時だけ私も一緒に考えながら行いました。その後、後期試験から卒業までは試験2週間前に発表される試験範囲を見ながら本人が計画を立て、毎日こつこつ勉強をしていました。土日のお休みの日などは朝から晩まで勉強していまして、その姿を見て娘が「エルベテークのお陰だね」と言ったことを覚えています。

河野　土日は別として、ふだんどれくらい学習していたのでしょうか?

前川　試験前には午前中で授業が終わって早く帰ってくる日がたぶん何日かあったんですけれども、その時は5、6時間勉強していたと思います。実は1年生の前期試験で2教科追試になりました。その悔しさがあってか、その後、卒業までは一度も再試験はなく、成績は上位でした。定期試験以外での家庭学習では主に漢字検定へ向けての学習で、卒業までに漢字検定2級とビジネス文書パソコン検定を1級に合格いたしました。幼児期からの学習習慣の積み重ねがなければ高校3年間の成長はなかったと改めて感じました。

河野　ほんとうに努力の賜物ですね。ご承知のとおり、メディアでの報道ではいまの高校生の半数近くが1日の勉強時間はゼロであるとされているぐらいで、勉強時間が少ない、あるいは勉強しない高校生が多いと聞いています。そういった中で毎日、学習を繰り返していたその姿勢・習慣。これが一般の子どもの場合だったら評価され、進学先の選択肢も広がっていくと思いますが、残念ながら、ハンディをもったお子さんの場合は良くないことのようにとらえる風潮があり、評価もあまりされません。

　彼の場合はこつこつと学習し、パソコンビジネス検定の1級にも合格する。1級というのはすごい力です。当然、学校も休まずに通う、先生の言うことも聞く、家でも聞き

06
前川さん
社会人2年目の母親

127

分けがよく、やるべきことをきちんと自分でやっている、生活習慣もできている^(*3)。そのように、ひじょうに素直で一生懸命物事に取り組む力をつけ、高校卒業の資格をとって単位制高校を卒業しました。そこからの話をお願いします。

■ 自分で就職活動を始めるという選択

前川　高校生活^(*4)ではそれまでの特別支援学級とは違い、自分で判断し、行動することが多く、いろいろな経験になりましたが、特別支援学校のように就労実習の経験がなく、就労に関するスキルとかビジネスマナーなどの知識がまったくなかったので、卒業後は就労移行支援事業所のほうへ入所いたしました。事業所ではいろいろな年代の方の中でビジネスマナーやパソコン、コミュニケーションスキルなどの訓練を受けていました。入所前には「3カ月、半年で就職する方もいますし、実習することもできます。就職率も90何％……」というお話を聞いていました。ただ、就労移行支援は2年間という期限があるなか、なかなか実習にも出してもらえず、就活をする気配もなかったことにどんどん不安になっていきました。

　そこでエルベテークへご挨拶へ行った折にそのことをご相談させていただきました。エルベテークからは「就労移行支援事業所だけをあてにしてはいけない」というお話。自分で就職活動を始めることを勧めていただきました。すぐにハローワークへ登録に行きまして、就活を始めることにしました。しばらくしてエルベテークから官公庁で一般事務の募集があることを教えていただきました。本人とハローワークで求人票を確認いたしまして、主人とも相談をし応募することにしました。移行支援事業所にもお話しいたしましたが、事業所では「これから就職活動を始める段階なので、いきなり応募はしないように」と断られました。

　移行支援の話を聞いているうちになにか就職を急がせないような違和感を感じましたので、またエルベテークにご連絡させていただきました。そして、「すぐに応募したほうがいいですよ」というアドバイスをいただきました。就労移行支援事業所に入所する時に仲立ちをしてくれた地域の相談員の方から移行支援事業所のほうへ応募の話を伝えていただき、そこでやっと了承していただきました。あとで相談員の方に伺ったところ、2年間という期限があるなか、なるべくぎりぎりまで利用してくれたほうが移行支援事業所の利益になるということだったようです。エ

ルベテークで自分で就活をすることを教えていただけなかったら移行支援事業所の話を鵜呑みにして就職が先延ばしになっていたと思います。

　その後、書類選考が通り、面接をして採用決定の通知をいただきました。エルベテークへもすぐにご報告させていただき、一緒に喜んでいただきました。中学でエルベテークを離れましたが、その後もずっと息子の成長を見守り続けていただき、本当に感謝しております。

河野　いつもみなさんにお伝えしているんですけれども、就職を考える場合でも、「ハンディのないお子さんは同じようにするだろうか?」と考えることが大切だと思います。座して待っていて一般の子どもが就職できるでしょうか。いろいろと働きかけたうえで学校の紹介や推薦をもらえるのであって、待っていたら学校から「君を就職推薦するからこの会社を受けてみないか」という話があるのはよっぽど優等生の子どもでないかぎりはありえないことですよね。ハンディのある子どもも同じです。まずは面接や筆記試験に対応できる力をつけて、そのうえでいろんな形で就職活動を行う必要があると思います[*5]。

　彼の場合は、力をつけていましたから、私たちは「採用してくれるところが必ずある。むしろ、こんな力をもっていたら逆に相手のほうが『なんだこの子は。すごい子じゃないか』と評価してくれるはずだ」と思っていたんです。だから、早めに就職活動をお勧めしました。実際、ご相談いただいてから1カ月もたたないうちに採用が決定し、私たちもほんとにうれしかったです。彼が「頑張って仕事をします」と挨拶に来てくれた時は「がんばって」と送り出したんですけれども。

■ 良い環境のもとで長く仕事を続けるために

河野　そして、いま就職してから1年9カ月になるわけなんですが、職場での様子をもう少し……。

前川　職場では息子のパソコンスキルと資料チェックなどの仕事の正確さ、挨拶や指示を受け入れる態度などをほめていただいています。挨拶については「部署内で一番元気がいい」と言われ、入所当時は条件になっていたジョブコーチについていただき、ジョブコーチの方からも「指示を素直に聞いてくれるのでとてもスムーズに業務ができている」と言われていました。

ジョブコーチからは、息子の作業の様子を観察し、作業内容や手順なども安定して取り組めるようそのつど支援していただきました。また、休憩の取り方や昼休みなどの過ごし方などの細かいところについてもルールやタイミングの取り方をアドバイスしていただきました。上司には具体的な場面を通して見られた行動特性を伝え、理解や配慮、指導方法を伝えていただきました。

　最初は週に2回ぐらい2時間ぐらいの目安でジョブコーチに入っていただきましたが、やがて週に1回、隔週になり、ついに月に1回様子見だけという形になっていき、ジョブコーチと上司の方とのお話し合いで「問題ない」ということでジョブコーチの支援は早々に終わりました。

河野　私も前川さんからその話を聞きましたが、彼はまったく当たり前のように仕事をしているということですね。特別というのではなくて……。そこが素晴らしいですね。障害者雇用ですので1年契約で更新 [*6] という形になっていますが、いまはもう「常勤で」という話が出てきているそうです。

　一般の会社で考えるとわかりやすいですね。上司や先輩の言うことは聞かない、遅刻する、挨拶はしない、注意したらふくれっ面をする、かといって仕事ができるかというと仕事もできない、そんな人はどうでしょう。教え育てていくのは大変だと思います。「何回言ったらわかるんだ、君は」ということになりかねませんね。ところが、彼のような力や性格の子が入社してくれたら、ほんとうにありがたいことですよね。彼の場合、職場の雰囲気はひじょうにいいし、みんなが応援してやろうという話になったそうです。

前川　息子も「職場の方たちはみなさん優しい」と言っていますし、職場での環境はとても良いようです。

河野　これからも仕事を頑張ってくれると思います。

■ お姉さんから寄せられた手紙

河野　脇道にそれるようですが、ここで少しお姉さんの話をしてみたいと思います。先ほども話に出てきましたが、彼には2歳上のお姉さんがいます。私たちの教室でもよく相談を受けるんですけれども、ハンディがある本人の子育てが大変なうえに、兄弟姉妹がいる家庭では兄弟姉妹との関係についてずいぶん悩まれるのではないかと思います。

　たとえば、お姉さんがいるご家庭の場合、お姉さんがお母さんの言うことを聞かなくなったとか、暴言を吐いたとか、「お姉さんのことがうまくいかない」と相談を受けるケースが多いんです。そこで、前川さんのご家庭ではどういうふうにして良い兄弟関係を築いてこられたか、そのへんをご紹介ください。

前川　実は、息子の姉も小学校２年生から中学１年生までエルベテークでお世話になりました。いま、娘は社会人になり、家を離れていますが、いまでも「エルベテークで学習させてくれたことを感謝している」と話しています。「自分自身で学習していく力を学んだ」と言っていて、「もし自分に子どもができたら、エルベテークで学ばせたい」と言っております。

河野　良いお姉さんですね。

前川　孫をよろしくお願いします。いま思うと、娘は子どもの頃に寂しい思いをしたかもしれません。息子が小さい頃は息子にかかりきりでしたので、娘が中学生の頃は高校受験もあり、娘優先に過ごしました。その頃、娘は「小さい頃やきもちをやいたこともあるけれども、弟がいなければ……と思ったことは一度もない」と言っていました。基本的に子どもの頃からずっといまでも弟をいとおしく思っているはずですし、息子も小さい時から「姉のことは大好き」と言っております。今回、娘から小さい頃の思いと息子への思いを文書でまとめたものがありますので、ご紹介させていただきます。

司会　それではお姉さまからの手紙を代わって読ませていただきます。

　「私の弟が普通の子とは違う子とうすうす気づいたのは弟が３歳の時だったと思います。母がその時なにに苦労しているかまでは幼い私にはわかりませんでしたが、弟を思い必死に努力しているところを常々見ていました。そのため小学生の頃は『努力している母に迷惑はかけられない』という思いとともにさびしい思いもいたしました。

　しかし、弟のことで悩むことも多い中、母は私の習い事の送り迎えや勉強の手伝いなどを尽くしてくれ、しっかりと愛情を感じていました。そんな母を一番にいまも尊敬しております。またまじめに努力をし、できることが徐々に増えていく弟が可愛くて仕方がありませんでした。私自身、エルベテークにいたことで勉強の仕方を学ぶことができましたし、学ぶことの楽しさを覚えました。植物観察をしたり、イラク戦争の時書き損じのはがきを集め首相に手紙を送る

など、他の塾とは違う面からも成長でき、とても感謝しております。

　現在、私は実家を離れ就職しておりますが、週末に帰りますと、「お帰りなさい」と言って迎えてくれる弟がとてもいとおしいです。うまく感情が伝えられないことでもやもやしたりイライラすることもあると思いますが、仕事でも甘えずにこつこつ頑張って努力を続けられるまじめな弟をすばらしい子だと誇りに思っております。私自身頑張らないと、と励みにもなっております」。

こういったお手紙をいただきました。

■ 知的障害があっても幼児期から学べばどの子も成長できる

河野　実はこのお手紙を最初に読んでいただく予定だったんですけれども、そうなると、「そこでうるうるなってしまうから私は読めない」とおっしゃられたので、ここで読んでもらうことにしました。手紙にも書かれていましたが、お姉さんのほうも中学校1年生まで私たちの教室に通っていました。ところが、その時に発達上の課題をもったお子さんの保護者で学習希望の方がたくさんいらして、私たちの受け入れ態勢ができていなかったので、結局、「どこの塾へ行かれても大丈夫だから」と言って一般クラスの子どもたちを送り出した経緯があります。お姉さんが「なんでやめるんですか。私、来たいのに」と言って先生に泣きついたことを思い出します。あそこで指導をやめてしまったのは申し訳なかったなと思っています。

　そのお姉さんが弟のことをこんなふうに思っている。発達上の課題をもっている家庭でも一般の場合でも同じだと思うんですが、このエピソードは兄弟姉妹をお持ちのご家庭の子育てに参考になるのではないかと思います。お姉さんには、「遠くですけれど、帰って来た時にぜひ教室に寄るように」とお伝えください。

前川　わかりました。

河野　それでは最後に、前川さんから先輩としてみなさんへお伝えになりたいことをどうぞ。

前川　息子が子どもの頃、療育や学校では「字が読めても計算ができても、生活はできません。障害児に必要なのは勉強ではありません」とおっしゃる先生もたくさんいらっしゃいました。たぶん教え方がわからなったり、「教えても知的障害の子にわかるはずはない」と思われていたのかもしれません。でも親はなんとして

でも成長してほしいので、やらずに諦めることは納得できません。ただ、だからといって、親と子だけではとうてい息子の力を伸ばすことは無理だったと思います。エルベテークに出会っていなければ、療育や先生がおっしゃるように自分自身を納得させ「障害児なのだから仕方がない」と流されていたかもしれません。

　エルベテークは一人ひとりの子どもたちの指導と方向性を考えてくださり、親が迷っていてもしっかり導いてくださいました。健常の子はいやでも学習する機会がありますが、障害があると「学習より他に必要なことがある」と言われ学習する機会を与えてもらえませんでした。知的障害があっても小さい頃から学んでいけばどの子も成長できると思います[*7]。大人になって支援だけを頼りにするのはほんとうに本人も辛いことだと思います。息子が子どもの頃と違い、いまは療育・教育・子育ての情報にあふれていますが、情報にまどわされずにご家庭での方針を見極め、諦めずに学習を続けることをお勧めいたします。

河野　ありがとうございます。3歳の時からいまに至るまでわずか17、8年の時間の中で、本人はもちろんですけれども、家族のみなさんがこれだけのことを経験されたわけですね。日々、何を目的に何をやっていけばいいのかをわかったうえで過ごす時間と、どうしていいやらわからないままに過ごす時間、どちらが大切かを考えて子育ての参考にしていただければと思います。時間だけは取り戻せないと思いますから……。

（第14回/2018年12月22日）

06
前川さん

社会人2年目の母親

【補足情報】質疑応答から

*1 **質問**　中学校の特別支援学級の担任をしております。最初に3歳の時に教えていかれた時に「この子は伸びる」と言われたことが支えになったというお話だったんですけれども、その時、エルベテークの皆さんがどんなことで確証を得たのでしょうか？発語がないお子さんなので、何か使うことが可能であったのかとか、そのあたりをお聞かせいただけたらなと思います。

前川　私が諦めきれなかったところは、息子は言葉は喋れないんですけれど、パズルで自分の名前をすごく早く並べたりしていたんですね。「えっ、わかっているんだな」と思って、他の病院の方に話してもあまり反応がなかったんですけれども、エルベテークで相談会の時に子どもとずっと接していただいたあとに初めてそう言われたんですね。それで「もうここしかない」と思いました。

河野　やはり、現状をきちっと把握することが大切ですね。なにもテストや発達検査をすればいいということではなく、入室した時からの彼の様子、発音・発語から作業の様子などを観察すればわかります。

　彼は最初、座るまでが大変でしたけれども、そのあとは同じ形のものを見たり見比べたりする作業ではぱっぱっと作業するわけです。そうすると、「これはわかっているんだ」ということがこちらも理解できる。「言葉も出ないし、無理だ」ではなく、「教えればできるようになる」と見通しが立つ。それらが、ほとんどの子の場合、相談会という30分ぐらいの間にわかるわけです。

　そのあとは、目を合わせたり発声・発語の練習をきちんとやっていき、だんだん子どもが変わっていくから楽しみですよね。「お子さんがこんな力をつけました、なにができましたとか、ああだこうだ」と言う必要もない。もうお家で彼がいろんなパフォーマンスをしてくれるし、なによりも子ども自身が喜んで教室に通ってくる、そして一生懸命学習する、いい顔をして帰る、またいい顔をして家でも宿題をやる、やっぱりそういったところです。こちらが見抜くということですね。

*2 支援学級でも息子の時間割をつくっていただきました。その時間割に沿って息子は通常学級へ移動したりして、支援学級にいるのが1日1時間だけという日もありました。

*3 **河野**　実は先般ある講演会で保護者の方がこんなことをおっしゃったのです。「授業参観に行ったら、先生の授業の進め方が私たち親から見てもなかなかわかりづらい。どう見ても子どもたちが興味関心をもっているとは思えない。だから私語はするわ、そわそわしてるわ……。もう少し子どもたちが興味・関心がもてるような授業をやってほしい」というような内容だったんです。「どう思われますか？」と私に質問がありましたので、失礼だったのですけれども、次のようにお尋ねしました。「お母さんは小学校中学校とも、国語、算数、理科、社会、いろんなものにすべて興味関心をもって聞いてこられたんですね」。お母さんの表情ははっとなりました。

　そして、私は次のように申し上げました。「興味・関心という前に、授業は先生に目を向けて、話をきちんと聞くものであって、まずそれを家庭で子どもに教えなけれ

ばならないのではないでしょうか。学校の先生方も子どもたちの興味・関心を引く授業をなさろうと工夫されているでしょうが、完璧にやることは無理です。ですから、もし家庭でこんなふうにやったらうまくいったということがあれば、それを言葉を選びながら先生へお伝えし、協力していただけるようにもっていくことが大切だと思います」。

＊4　2年生の時に文化祭実行委員をしました。クラスの出展するカフェのポスターをパソコンでつくりまして、みなさまからほめていただきました。あとは3年生で卒業文集委員もしまして、毎日、放課後遅くまで残って行っていました。その他、美化委員を3年間していまして、ゴミ捨ての出し方などの放送も担当していました。先生からは「他の生徒が忘れている仕事も息子が声をかけてくれている」と言っていただいていました。

＊5　河野　私たちの教室は今年で24年目を迎えますけれども、社会人で一番長くなった人は丸9年になります。9年間、同じ会社で仕事しています。残念ながらいまでもその方は1年契約で更新という形です。しかし、同期で9年間働いている人は彼だけ。9年間、契約更新なのに採用され続けているのには理由があるんです。なにかというと、障害者雇用枠で入社してくる方々の先輩として教えているわけです。やはり、力があるということですね。

＊6　河野　最近、1年契約で就職したものの、1年契約をまっとうする前に1年未満でやめている人たちがかなりの人数いるというニュースが流れていましたよね。2年3年と契約が更新される人たちの数が詳しく発表されることもないですけれど、状況から見た場合には厳しい現実があると思います。一般の会社といっしょで、力があり、会社に貢献している人はリストラや肩たたきに遭うことはまずありません。それと同じで、障害者雇用といえども、力をつけていることが評価されます。力というのはパソコンのスキルだけじゃないです。一番大事なのは、指示を聞いたら返事をする、挨拶をきちんとする、やりとげていく、怒ったり騒いだりしない、わからないことがあれば質問する、根気よく努力する、そういう姿勢なんですね。

＊7　その頃はほんとに息子のためと思っていっぱい恥もかきましたし、憂鬱になることもいっぱいありましたけれども、やっぱり辛いことだけじゃないですし、うれしかったことやいいこともありましたので、成長するお子さんを信じてやることが大事だと思います。

＊1、＊2、＊4、＊6、＊7は、前川さんが講師を務めた第13回（2018年10月13日／当時20歳）の体験発表から

06
前川さん

社会人2年目の母親

135

成長のフローチャート／春野くん

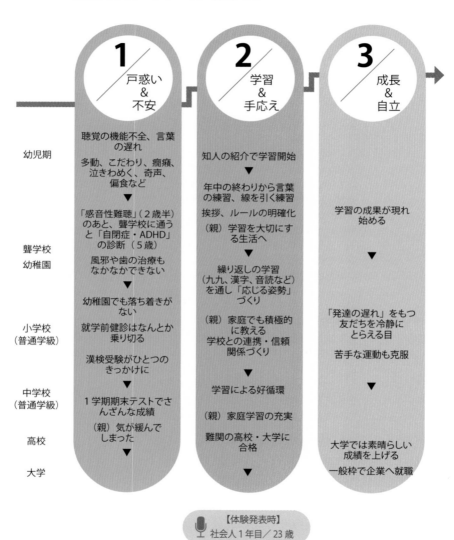

	1 ／戸惑い ＆ 不安	2 ／学習 ＆ 手応え	3 ／成長 ＆ 自立
幼児期	聴覚の機能不全、言葉の遅れ 多動、こだわり、癇癪、泣きわめく、奇声、偏食など ▼	知人の紹介で学習開始 ▼ 年中の終わりから言葉の練習、線を引く練習 挨拶、ルールの明確化 （親）学習を大切にする生活へ ▼	
聾学校 幼稚園	「感音性難聴」（2歳半）のあと、聾学校に通うと「自閉症・ADHD」の診断（5歳） 風邪や歯の治療もなかなかできない ▼ 幼稚園でも落ち着きがない	繰り返しの学習（九九、漢字、音読など）を通し「応じる姿勢」づくり	学習の成果が現れ始める ▼
小学校 （普通学級）	就学前健診はなんとか乗り切る 漢検受験がひとつのきっかけに ▼	（親）家庭でも積極的に教える 学校との連携・信頼関係づくり ▼	「発達の遅れ」をもつ友だちを冷静にとらえる目 苦手な運動も克服 ▼
中学校 （普通学級）	1学期期末テストでさんざんな成績 （親）気が緩んでしまった ▼	学習による好循環 （親）家庭学習の充実	
高校		難関の高校・大学に合格 ▼	大学では素晴らしい成績を上げる
大学		▼	一般枠で企業へ就職

【体験発表時】
🎤 社会人1年目／23歳
▼

【現在 社会人2年目／24歳】バランスのとれた力（忍耐力、知性など）と穏やかな性格。目下、仕事のスキルアップをめざしている

136

大人の思い込みをはるかに超えて大きく成長した

春野さん
社会人1年目の母親

聞きて
河野俊一さん
エルベテーク代表

2歳半の時に「難聴」と診断された息子さんが、その心配事から解き放たれたと思ったら「ADHD」。風邪や歯の治療にも困る状態で、特に言葉の遅れとこだわりが気がかりだった母親は、年中から学習を始めます。

本文中敬称略

■「難聴」とともに、多動、こだわりへの不安・焦り

河野 春野さんは息子さんが年中の終わりから小学校6年生まで私たちの教室に通われました。当時、私たちの教室は小学校6年生までしか指導していなかったわけですが、7年間ちょっと学習されて大きく成長されました。現在、すでに大学を卒業して社会人として仕事を一生懸命やっていらっしゃいます。まず、現状からお話しいただけますか?

春野 息子はいま、就職をいたしました。大学を無事卒業する姿は自分ではまったく想像できない子どもでした。とにかく息子がエルベテークに出会えて日々努力をした、その実りがいまの息子につながっていると思っています。本当に人生を豊かにしていただく教育を受けた息子は穏やかで明るく、人との関わりを円滑にもてる子どもに育ちました。

現在の様子は、新しい会社に入って上司の方や同僚との間でいろんな難しい場面があるようですが、息子は許容範囲が広い。何ごとも「どうしよう?」とか「こんなことで……」と慌てるより、「こういう人がいるんだったらこういうふうにしようかな」と自分で受け入れる力があるように育っておりますので、順調に過ごしております。

河野　いま、そういう形で過ごしていらっしゃいますが、幼児期、やはり大変なことがありました。言葉の遅れ、なかなか視線が合わないとか癇癪を起こしたりとか、幼児期の様子についてお話しいただけますか?

春野　とにかく大変という一言です。生まれてから2歳になるまで言葉の遅れが気になって……。「どうぞ」という意味なんですけれど、1歳半の時に「どう」の一言だけだったんですね。「耳が聞こえないのかしら?」と思い、耳鼻科に行ったんですが、その時は先生が「お母さん、気にしすぎですよ」とおっしゃったので、「そうなのか、気にしすぎなのか」と思い、「男の子は遅いんですよ」「ああ、そうなのね」と受け入れながらも、視線が合わない、すごいこだわりがある、ふわふわした柔らかいものをつかんだら離さない、離されると癇癪を起こす、泣きわめく、そんな息子の状態を気にかけながら過ごしました。

　食べ物に関しても、どこどこ会社の何々パン、そっくりなものがあってもそれじゃなきゃダメ。触った感じや食感でわかるらしいんですよ。ですから、「売ってなかったわ」と思って似たものを買ってお皿に出したら食べるかというと、食べない。そういうこだわりがすごく気になりました。上に2歳上の姉がいて、「なんか違うな」とか……。子どもが二人いるからなんとなく目いっぱいで、流しがちなところでもありました。

　でも、それ以外のことに関して言うと、一人で遊ぶとても良い子なんです。なぜかというと、自分の好きなこだわりのあるおもちゃが手元にあれば良い子にしているわけです。静かにして集中しているわけですから、「手のかからない、ラッキーな子」という感じだったんですね。

　ですが、2歳4カ月の時に「やっぱりこれ、おかしいわ」と思って、大学病院に行きました。そうしましたら、両耳感音性難聴。「お子さんは一生、お話もできませんし、障害者手帳をいただいて聾学校に通ってください」というお話だったんです。本当に青天の霹靂という感じでしたが、そのショックもショックだったんですが、その時、初めて集団行動が必須の聾学校の幼稚部に入ったわけです。当時の聾学校は、聾者の子どもに親の口元を読んでもらう、そして子どもは何を言われているかを学んでいくというところだったんですが、そもそも顔を見ない、目が合わない。プロの聾学校の先生方からも「そうね、春野君はまず目を合わせることが課題ね」というお話があったほどでした。集団行動になったら自分のやりたく

138

ないことが山積みなわけです。自分のペースで過ごせなくなったので癇癪は起こしますし……。

　その当時の言葉というのは、息子は「キッ」の音を出して、ほしいものが手にはいったら「キッ」だし、嫌なことがあったら「キッキッキッ」。息子にとってはコミュニケーションの大事なものだったんですが、これで機嫌が悪くなったらそのまま唾を吐く。人にも吐くし、地団太を踏んで大泣きをして、上を向いて怒ったらそのまま「キッ」と言い、吐いた唾が顔にかかっても怒り続ける。道を歩いていても、歩きたくなくなれば、濡れている道路でも横になって動かないという状態でした。

■ 治療もできないほどの泣きわめき

河野　そんな状態でしたので、病院へ行った時は大変だったとお聞きしました……

春野　耳が聞こえないというのももちろんあったと思うんですが、外的な刺激が怖い。のちにわかったことで、自閉も併発しておりますので、それと相まっていたと思うんです。とにかく怖がる、受け入れられない。そうすると癇癪を起こしたり大泣きをするわけですが、風邪をひいて内科に行きますとただの「あーん」もできず「ギーッ」となるので、看護師さんがみんな集結し息子を押さえて診察を受けるような状態でした。

　歯医者さんでは先生が「治療ができません」と。動くうえに泣き叫ぶからです。始めは私が頭を押さえていたんですが、それでも治療できない。先生が息子のために特別に板に網が張ってあり頭はベルトで止められるようになっている装置を買ってくださり、その網に息子をボンレスハムのように入れて、ようやくクリーニングや治療をするという状態でした。それでもすごく泣きました。治療後は毛細血管が切れて目の周りが内出血するほどの泣き方だったので、ほんとに大変でしたね。

河野　いまでは考えられないことですね。その後、耳が聞こえるようになって幼稚園を探されたという、そのへんの様子、ADHDの診断がついた状況についてお聞かせいただけますか?

春野　ふつう感音性難聴と言ったら神経がだめになっているので、「一生聞こえない」と言われたら聞こえないものなんです。初診時、神経がつながっているかど

うかもわかるような脳波の検査でその診断が下りました。ほんとうに治るものではないのです。ですから、聾学校の先生も私どももそのつもりで育てていました[*1]。

　補聴器を活用後、ちょっとずつ音が入ってくるとなんとなく反応がちがってきました。音で怖がったりするようになり、それがすごく強くなってきましたし、言葉も「どうじょ」とか娘の名前をなんとなくニュアンスで伝えてきていました。それで、インテグレーションといわれる、聾学校ではなく普通の幼稚園へ転園の希望が出てきたのです。その機会の準備で「聴力検査の診断書を出したほうがいい」ということになり、福祉センターで検査をしたところ「聞こえています」と言われました。

　それで、東大病院のほうにその分野で権威ある先生がいらっしゃるということで息子と聾学校の先生と精密検査をしに伺ったところ、やはり「聞こえています」と言われて……。ですから、「初診時が誤診だったのか?」となりますが、東大病院の先生いわく「構音障害※といわれる、高く裏返ったような発声がすごく残っているので、難聴だったというのは間違いない」とおっしゃり、加えて「聞こえなかったことを加味しても、発達の遅れがみられる」とのお話がありました。

　そして、さまざまな検査をいっぺんにやりました。作業は手を動かしたら口を開いてしまう。「口を閉じて」と言われて口を閉じたら手が動かなくなってしまう。はさみがとても難しい。「鉛筆で線を引きましょう」と言ったら弱い線が引けますが、片方の手で紙を持ち片方の手ではさみで切るというのは2ステップ必要になるので、息子はできないと判明しました。それらを見て「養護学校か、もしくは1学年落として幼稚園に入園する形をとったほうがいい」と言われるほど遅れがありました。

■「『この子はできる』と信じることが子どもを育てる力になる」

河野　その中で私たちのことをご存知になられたきっかけ、そしてお出でになっての様子について。

春野　知人の紹介で「こういうところがあるよ」と教えてもらったので、「まずはご連絡」と思いましてお電話をしました。そうしましたら、「お父様といらしてください」

　※構音障害　正しい発音ができず、コミュニケーションに困る状態

「ご家族みなさまでいらしてください」というご案内だったんですね。それは私にとって初めての経験だったんです。聾学校というのも「家族ぐるみで対応しましょう」というのが大前提なんですが、初めの面接の時に「家族で来てください」とは言われませんでしたし、病院の診察、いろいろな手帳の手続きももちろん「ご家族揃って」ということはないんですよね。いろいろな教育機関にも行きましたが、初回に「家族で」というのは初めての話で、「えっ。これはちょっと期待しちゃう」と私は思ったんです。

　私の家では主人は外で仕事をし、「家の中のことは君にまかせた」という家です。もちろん協力をお願いすればやってくれますが、基本から外れる流れに「面接に主人が行ってくれるかしら?」と思いながら主人にお話しすると、すんなり家族4人で面接にお伺いできることになりました。

　いろいろな自分たちの状況をお話しましたら、「なんでもできる」とおっしゃっているみたい、なんか私たちがこれだけやっているのにわかってもらってないような、「そんな簡単に?　どうなんだろう、この話?」と私はなんだかイライラしてきてしまったのです。期待が大きかったぶんもあったと思います。それで私が最後に申し上げたのは「ADHDをご存知なんですか?」と、すごく失礼きわまりない発言をしたのです。日々努力をしてきたのでせっぱつまっていた私の表れでした。

　そうしたら先生から淡々と「わかっています。それがどうしましたか?」と、普通にお返事が返ってきて……。頭の中は真っ白ぐらいの勢いだったんですが、お別れ際に教えていただいたことが「『この子はできる』と信じることが子どもを育てる力になる」というお話だったんです。唖然としましたが、「ああそれが本当だったんだな」と思う毎日を過ごし、息子のいまがあるので、本当にその瞬間は忘れられません[*2]。

河野　その時、お家で努力をいっぱいなさってこられてこれ以上どうしていいかわからない。親子だから感情的になってうまくいかない。多くのご家庭がそうだと思うんですけれども、私たちの役割はご家庭と連携して、教室でお子さんが少しずつ変わっていく、お家で教えやすく接しやすく関わりやすくなっていく、それが役割じゃないかと思っていたので、そういった面でお伝えしたんですけれども。その大前提となるのが、やはり親に「この子をどうにかしたい、改善したい。ここは変えていきたいんだ」という思いがどれだけあるかどうか。そこをお伝えしたかったわけなんですけれども。

141

■ なぜここまで挨拶の時間をかけるのか

河野　私たちのところにお出でになった時は養護学校へ1年後の入学が決まっておられたわけですけれども、学習を始めて少しずつ成長していく。しかし、就学時健康診断、そこで「このままでは難しい」というお話があったとか、そういった入学される前までのお話を簡単にお願いします。

春野　養護学校を勧めていただきリサーチしましたが、入学しませんでした。息子の場合、縦割り保育の幼稚園で、わりと年長さん年中さん年少さんが一緒のことをする時間が多い園にどうにかこうにか受け入れていただきました。あまりにも落ち着きがなくぴょんぴょん跳ぶ、どういうわけだか爪先立ちで歩くことが多かったのですが、年長さんになった時点で、まっすぐ立っていられないものの、年少さんと一緒にいればそういうお子さんがいたりして目立たないで済んだという縦割り保育はちょっと救われたのかなと思っています。

　そこでエルベテークに出会うわけなんですが、面接後、「ここに行って頑張ってみよう」という気になり、初回の授業。まっすぐ立って先生の目を見ます、そして「おはようございます」とその時間に合わせたご挨拶をする。その時におじぎをして頭

小学1年生のときの日記
（左上は春野さんの修正、左下は春野くんの復習）

を上げて先生の目を見る。この作業が息子はできない。じっと立っていられない子だったので初回の挨拶で15分はかかったと思います。それもまた驚きでしたね。なぜここまでご挨拶の時間をかけるのか、学習をしに来た私としては「えっ」という気持ちもあるんです。学習時間も短くなるとか。でも、これが大切だったんだって……。

「目を見る」「姿勢を正す」「口を閉じます」というのもありましたね。はさみですら難しい息子がこのいろんな要素を一緒にするのは大変なわけです。でも、このひとつの動作でも「これはやらなくてはいけないこと」というのが、だんだん身についていったと思うんです。で、次第にこれもじょうずになっていきましたが、「今回できたな」と思っても次回にはまたできなかったりするので、これまたみんな同じ。「教えのすべてがほんとうにぶれない、ひとつのことをしっかりやるということに基づいたものだったんだな」といまは思うんですけれども^(＊3)。

■ 学習によって自信が生まれた

春野　ご挨拶が済み、学習が始まり、まずは点と点を線で結ぶ。まっすぐ引けないんですね。よれよれみたいな感じなんですけれど、それをやるのも大変でした。小学校に上がる半年前からだんだん足し算をやったと思います。「先取りで学習をすることが大切です」と。なぜかというご説明もいただきました。やっぱり残念なことなんですが、「この子は弱い」と周りの子どもが本能的に感じると、いじめの対象になるんですよ。動きもちょっと落ち着きないし……。

ところが、学習が先に入っていると一目置かれる。「あっ、この子できるんだな」ということで、いじめも防ぐことができます、と。学習をして覚えることで自分の自信にもつながり、だんだん実りも大きくなるということだったんです。ですから、そのご説明をいただいて、「これはやらなくては」と思ったんですけれども、挨拶もそうですし、計算では1週間ぐらいしたらもう一度プリントを配布していただけるんですが、完璧と思ったプリントがまったくできなくなっているんです。

その繰り返し。「またできなくなっちゃった」というのも本音なんですけど、それを繰り返していくうちに完璧になるわけですね。「繰り返すことってほんとうに大事なんだな」って思いました。ふつうの学習塾だったら1回できたらもう振り返りと

いうのはないと思うんですけれども、この振り返りをもって確実な力にするということの大切さをすごく実感しました。

　九九になりますと、いまだにちょっと稚拙な発音があります。聾者だったというのもあるんですけれど、「さしすせそ」がもっとも難しかったんですね。九九は「しし」とか「しちしち」とか、発音するだけで大変なわけです。でも、いただいた課題は1段10秒を切るということだったので、とにかく10秒を切るまで何度でもやる。そして、これはプラスになる。楽しくお話をしているところでも、ふいに「いまチャンスだな」と思ったら「はい、七の段」と言うと、息子はやるわけですよ。

　その時の抑揚なんですが、先生方のお話の仕方はとても端的、コマンドに近いんです。「見ます」「やります」「します」「しません」。これが、「やれ」とか「やんなさい」とかという語気の強いものではない。本当に普通の抑揚。でもテキパキと。これがすごくわかりやすくて……。本人は何がいけないかわからない、何を言われているのかがわからない、だから「これを明日までにやろうね」じゃなくて「いまやります」と言われたほうがわかりやすい。それを受け入れられるというのがすごく実りにもなりましたし、人の言葉をそのままポンと受け入れる力にもなる。

　「いけません」と言われることで「あっ、やっちゃいけないんだ」ということを繰り返し繰り返し身につけていき、「あっ、これはやっちゃいけないんだな」というのをだんだん自分でわかるようになっていった。楽しいことがあっても「やるべきことはやろうね」っていう瞬間があれば、普通の抑揚で「いまやります」と言うと、「やろう」という姿勢が見られるようになっていったのが大きな変化だったと思うんです。

■ 挨拶と繰り返し学習の意味

河野　最初に挨拶の話がありましたけれども、やはり相手の目を見て最後まで相手の話を聞く、それがすべての基本になる。それはまず挨拶ではないでしょうか。たとえば、教室に来ます。挨拶もいい加減にしているなら学習の質はどうなんだろうかというと、きちんとやるまでにまたそこで時間がかかるのが普通じゃないでしょうか。ところが、来た時にきちんと挨拶して、「それでいいです」と言われて、その流れのままで学習に入っていける。

　日常のお家のリビングがそのまま電車に移動したり遊園地に移動したりというケースが散見される社会ですけれども、そうではなくて、やはり教室に来たら挨拶をし、「先生の話を聞いて先生と一緒に学習するんだ」という気持ちにまずは子ども自身にもなってもらう。何も難しいことではなくてそこからがスタート。相手の目を見なければ言っていることも聞いていない、受け入れようとしないということになりますので……。私たちの教室の子どもたちみんなどこへ行っても挨拶を評価される。挨拶を評価されるということは気に入ってもらえる。周りも応援していこうという気持ちになる。自分の理解者・協力者・味方が増えていくことになるわけですね。

　それから、春野くんの場合、覚えることが苦手でしたので、繰り返し練習していく。時間が経てばすぐまた忘れてしまう。私たちでもそうなんですけれども、ある程度きちんと定着するまではそれなりに必要な練習をずっとしていく、基礎をきちんとしたうえで積み重ねていくというやり方をとっていく。これはどの子どもにとっても必要なことじゃないかなと思うんです。それをご家庭でも練習に付き合っていだいたと思うんです。就学時健康相談の話もしていただけますか?

春野　就学時の事前健診ではすごく良い子にできたなと思いました。今日は完璧というぐらい良い感じに見えたんですけれど、それでもチェックがかかったんです。残念ですが、人がいっぱいいて気をとられる。体は動いたりしました。

　これはもしかして「他の特別学級のほうへ」という話があるんではないかなという結果だったので、すぐにエルベテークにご連絡をし、「こういう感じだったんですけれど」というお話をしましたら、今後の対応をご指導いただきました。

　「入学前に校長先生、学年主任の方とかに直接、いまの状況をお伝えして、それで『普通学級に入れる子です』という面談をしましょう。『入学後もこちらのほうでできるかぎりコンタクトをとって連携できるように』というお話も進めましょう」というお話で、それを実行しました。これで「普通学級のほうでやってみましょう」という流れになり、普通の一般学級のほうに入りました。

■ 漢字検定の意義

河野　そうですよね。小学校に入ってから勉強の面もあったでしょうし、学校の友だちとのこととか、そのへんを簡単に……。

春野　小学校に入る前に足し算も始まっていましたが、息子は漢字検定のお勧めもあって入学前から学習をしていました。これも先ほど申し上げたとおり、自信にもつながるしいじめの対策にもなるしということで半年前ぐらいから10級を受けて合格しています。

　正直、すべてにおいてとてもハードルが高い。初めの線の練習の時から「これうちの子できるのかな?」とどこかで思っているんです。でも、「できると信じることが」とお言葉をいただいていますので、「できるんだ、できるんだ」と思って前に前に進もうとしました。それでも漢字検定の時はさすがに「どうしよう?」と思ったのを覚えています。息子は四苦八苦しながら努力をしました。

　合格証が届いた時、ほんとうにうれしそうな顔をしてすぐに額を買ってきて飾ったんです。それまで表彰の額というものがうちにはなかったので勲章ですよね、息子にとっては。それが良いきっかけとなって次の学年の時も「ぼくはこれをとりたい」という前向きな姿勢が出てきた。漢検というのは目に見え、紙で届く合格証はすごく自信の象徴になったと思うので、「ハードルがちょっと高いな」と思っても、できるかぎりみなさんもトライしてほしいです。トライする価値があることだと思います。

■「あの子のことがわかるんだ」と言えるまでに成長

春野　小学校のクラスの中では、集団になったのでやっぱり落ち着きがなく大変でしたが、エルベテークの先生からご指導いただいたとおり、先生との連携を密にするという思いもあって私はPTAのクラス委員につきました。そうすると、クラスの授業の間、PTAのお母さんがうしろに立っていても目立たないわけですね。だから、息子の状態も見れるし、仕事をしている役割も果たせますし、先生とも細やかなお話がしやすい状況だったので、できる方であれば、お勧めだと思います。

　授業の合間に息子の隣のお子さんのところに行って「どう?　春野くんは?」と言うと「ずっと筆箱をぱちぱちぱちぱちやってうるさいの」とか「喋りかけてくるんだよね」とか言ってくれるので、お家に帰ってから、「筆箱は開け閉めしません」と注意する。できれば、その場で端的にお話しできるのがいいんですが、きっかけを生かして教えてきたと思います。

146

　小学校2年生の時に学習は先行してやるように努力していましたが、やっぱりちょっと居心地が悪い。いじめではないけれどなんとなくということもあったので、登校拒否ではないですけれども、行かないという状態になりそうな時がありました。日々、言ったことは「学校は行くところです、行きます」。すべてにおいてこれは大事だなというところは声を荒げるわけでもなくそれで背中を押すというスタンスで……。

　その頃に、学級の中にたぶんなにか障害をおもちであろうというお子さんがいました。教室から飛び出して行くことが多々あったんです。その時、自宅で二人で過ごしておりましたら、「あの子のことわかるんだ」と息子が言うんです。自分もそうであった、と。目についたものはどうしてもやりたいこと。だから、外を見てなにか気になるものがあったら、自分の中では「そこに行かなくちゃ」ぐらいの気持ちだよ、と。

　「自分はいま我慢できるようになったからそれをやらなくなったんだけれど、あの子がどうしてそういうふうな行動をするのかがわかる」というようなことをお話できるようになってきました。ただ、これは本当に学習を積み重ねた賜物でもあり、そのお子さんに対する思いを聞いた時にはちょっと胸がきゅんとなりました。「そうだったんだな」と再認識し、胸に詰まる思いだったのです。

■ 学習が引き出す好循環

河野　先ほど学習の先取りとおっしゃっていましたけれども、先取りというわけではないんです。たとえばカードを見せる。最初は果物のカードで言葉・ものの名前を覚える。同時に発音とひらがなを覚え、読めるようになる……。

　つまり、学習を通じてきちんと見る、見比べる、見続ける、言葉も覚えていく、そして今度は読んだり書いたりもできていく。いくらでもレベルアップできるわけなんです。学習というのは本当にレベルアップできるこんな良い材料はないわけなんです。やはりきちんと見る、覚えられないんだったら何回も繰り返し練習する。そういうふうにして結果としては力がついてくる。だから彼は、学校で「音読はぴか一」と言われたんですよね。

春野　そうです。エルベテークの宿題としては国語だと国語の教科書に即したドリ

147

ルを配布していただけるので、とにかく読まなければというのもありましたし、毎日毎日音読なんですよ。そのうち自分で覚えていくんですよね。そらで言えるぐらいの感じまで読んで、ある日、みなさんの前で発表することになり息子が一生懸命読んだ。そしたら担任の先生から「クラスピカ一の音読のじょうずさだったね」とほめていただいた。息子が大変喜び、それから様子を見ていると、挙手が多くなったと感じました。なんとなくつたない喋り方でちょっと引っ込み思案というところもあったのが、音読をしているうえで身についた自信で一歩踏み出せたなと思いました[*4]。

河野 私が聞いたところでは九九に関してもクラスで一番に合格したと聞いています。九九の練習をするためだけにやっているわけじゃないんです。先ほどおっしゃったように明瞭な発音になるための練習をしていく。九九を使うと非常に効果的なんです。そして、覚えなくちゃいけないことだからなおさらです。学習をじょうずに利用していけばいくらでもステップアップできるし、学校でそういう形で周りから評価してもらえる、

小学3年生のときの作文

認めてもらうということがまた自分の意欲につながっていく。好循環になっていくわけですね。学習を通して力をつけていくことがいかに大事か。学習を曖昧なままにしてうまくいくことはほとんどないと言っても過言ではないと思うんです。

　もうひとつ漢字検定のことですけれども、1年生の時から私たちの教室で漢字検定を勧めているんです。学校でされるところもあるんですけれども、予約をしてまったく初めての場所へ行って、もちろんお父さんお母さんに連れて行ってもらうんですが、そこで初めての人の指示に従って、座って、思い出しながらテストを受ける。そんな経験を積んでいく。失敗してもいいんです。そして漢字検定をひとつの目標にして、さっき申し上げた覚えていくという練習をするための良い材料ですよね。漢字検定に合格するということではなくて、学習をステップアップしていくためのとても良い材料。それと経験を積む良い材料。

　そこで合格したら親のほうもこんなうれしいことはないんですね。すると親も頑張ろうという気持ちになる。そういった意味でお勧めしているわけなんですけれども。いずれにしましても、周りの友だちから「筆箱をかちかちしている」と言われていた彼が小学校を卒業する頃は……。

■ 困った時に相談すれば納得ゆく答え

春野　6年生の時にエルベテークとお別れしなくちゃいけないとわかった息子は最後の最後まで「私は残りたい。ここでお世話になりたい」と言ったんですが、「6年生までです」というお話を受け、最後の授業は大泣きをしながら「エルベテークに出会えてよかった」と、ほんとに感無量の言葉でした。

　そこからは卒業前に「これからは自分でやっていかないといけないんだよ」っていう話をいただき、とにかくできることは先にやる、そして「漢字検定と一緒で、英語のアルファベットも入学前に全部覚えて入学しなさい」と課題をいただきましたので、息子は最後の3カ月間ぐらい並行して進学塾へ。しょうがないですね、進学塾に行くしかないので、そちらにお世話になって英語の単語なども入れながら、学習をして入学しました。

　順調に見えました。いちおうちゃんと予習もするし、「先生に言われた教えを守っているわ」なんてちょっと感動していたんですけれど、残念なことに1年1学期

149

の期末でさっそく英語100点満点中37点をとってくるという見事な結果を出して
くれまして、あらどうしましょう。やっぱり目が離れる、私もなんとなく気が緩む、
というところで「ちょっと及ばなかったね」というのが露見しました。すぐにエル
ベテークにご連絡をしてご相談したところ「そのテストを持って川口教室にいらして
ください」と言っていただいたので、息子とまいりましたら、学習方法などさま
ざまな指導をいただき、一喝していただき、そこで巻き返して最後の期末テスト
では満点まではいかないですけれどもかなり高得点をとって、ちゃんと気が締まっ
たというのがありがたかったです。「困った時のエルベテークご相談」という感じ
でいつもすごい快く納得のいく答えをしていただけるので、良いスタートというか
気の緩みも挽回し、迷いもなく進めたことが良かったと思います。

河野　いま思い出したんですけれども、中学校卒業前に自分の希望する高校、ひじょ
うに難しい高校ですけれども、その高校に合格発表の時のエピソードを……。

春野　「どうしてもこの高校に行きたい」と言い出したところはすごい高嶺の花で、
「ちょっとそれは。ハードルが高いとかいう問題じゃないよ」というレベルでしたが、「どうしても受けたい」というので「じゃ、全力を尽くしなさい」と話すと、「ぼ
くはここをめざします」と教室の先生にお年賀状を出しているんです。その時、
「きっとあなたならできます。がんばりなさい」というご連絡をすぐにいただいた
んです。

　それも励みになりまして、一心不乱に勉強をし、その高校に見事合格ができた
時に主人と私と息子で見に行ったんですけれど、掲示板に番号があった、そのとた
ん「エルベテークに電話してくる」と言っていなくなっちゃったんです。「なにし
に行ったんだろう」と思ったら、携帯電話不可というマークがあったんですよね、
そこに。だから、「校門の外まで出て連絡をしなくちゃ」と思って一目散で校門の
外から河野先生に「合格しました。ありがとうございました」というご連絡をした
そうなんです。私どもは追いかけられなかったので、その声が聞けなかったのが
残念なんですけれど……。

　なんていうんでしょう、すごい性根がいいというか、まっすぐ育ったと思った一
場面でした。

河野　私、電話を受けたんですけれども、うれしい喜びの声で、いまでも耳元に残っ
ていますけれども、実は高校に入ってからも通知表をもって報告にずっと来てくれて。

そして大学に入って1年生の成績表を持ってきまして、こんな成績は見たこともないというすばらしい成績でした。「これだったら大学とエルベテークの先生としてアルバイトでやっていくことができるね」と言って、それから4年間うちの教室で後輩の指導にあたってくれて……。

司会　今日、実は息子さん、春野くんにも来ていただいているので、どうぞ前に上がってください。

■ 振り返って良かったと思う3つのポイント

河野　「みなさんにお話してくれるかな?」と言ったら「もちろんいいです」と言ってくれたものですから。振り返って少し話してもらえますか?

春野くん　ただいま紹介にあずかりました春野と申します。いま過去を赤裸々に話し、大変恥ずかしい思いでもあります。簡潔に振り返って3点ほどお伝えできればなと思っております。

　一点目が、いま振り返って一番良かったなというのが、ルールを明確化してくれたことなのかなと思っていて、ほんとに子どもの頃は、けっこう前にはなってしまうので朧気な部分ももちろん増えますが、振り返ってみて子どもの時は「なにしてもいいだろう」という感じでした。逆に言うと、自分で何をすればいいのかわからない。そういう気持ちがあったなと思っていて、「悪いことが悪い」というのがわからなかったですし、良いことがどういうことなのかもわからなかったというのがあります。

　そういう子どもの状態の頃にエルベテークに入塾しましていろいろ教えていただいて、「それはしてはいけない」「これはしなさい」という形できっぱりと言っていただいたのは自分の中でもルールをつくっていくにあたって非常に良かったと思っております。いままでの話を聞いていると、やはり心の底で「そこまで徹底しなくてもいいんじゃないか」みたいなことを思われるところもあると思うんです。それこそ目を見て話すとか。別に目を見て話さなくても話はできるとは思うんですけれども、そこを徹底しないとどうなるかというと、やはり、親の言うことを聞くとか周りの話に耳を傾けるという良いこともあやふやになっちゃうのかなと思っていて、そういった良いことを徹底するためにも細かいところをしっかり守らせていくという

のは、守らされたというか、それが良かったと思っております。

　2点目なんですけれども、振り返ると親がすごく変わったなというのがあります。僕が変わるよりもたぶん先に親のほうが変わったのかなという気持ちのほうが強いです。癇癪を起こすという話が先ほどあったんですけれども、癇癪を起すと許してもらえるというか、腫れ物を扱うみたいなことがあったとは思うんですね。ただ、エルベテークに入塾してからだんだんと親がエルベテークの先生みたいになっていくという感じ。「いつエルベテークに入社されたのかな?」というような気持ちが強かったんですけれども。

　たとえば、どういったところかというと、口調であったりとか。ふだんは「今日の夕飯はこれだよ」「学校で何があったの」みたいな感じで優しかったりするんですけれども、唐突に「勉強を始めてください」とか……。滑舌の話とかありましたけれども、さ行の発音が悪かった時は「もう一度それを言うようにしてください」みたいな形でエルベテークの先生の口調のような感じで指示をしていたというところです。親が変わると子どもも変わらざるをえないのかなというのがいま出来事を振り返ってみると感じるところではあります。

　別にこの話は常にエルベテークの先生みたいにやってくださいというわけではなくて、先ほどの話にも関わりますけれども、ルールを守らせなければいけないとか叱らないといけないような時だけエルベテークの先生のような口調で姿勢を示していただけるといいのかなと思います。要所要所、力を抜きつつ、ただしっかりと叱らなければいけないところ、また逆にほめなければいけないようなところはしっかりと接していただくのがいいのかなと思います。

　最後3点目なんですけれども、先ほどから河野先生も母もさんざんお伝えしている通り、繰り返しの練習というのが重要だと思っていて、なぜかというと、一度で覚えられる人というのはいないと思うんですね、ふつうの子どもでも。それで、その中でどうやって覚えていくか。一度で覚えられる魔法のような授業はなくて、何度も何度も繰り返し学習していく中で覚えていけるのかなと思っています。その覚えることってそこまで大切なのかという話にもなるかなと思うんですけれども、何かができるようになるというのはやはり自信につながっていくと思います。先ほどの話でも上がっていましたけれども、音読であるとか、漢検であったりとか、そういったものができるようになると、ようやく次の目標が見えてくる。次の目標もまた繰り

返しなんどもやってそこを達成したらより高みをめざせるというところはあるかなと思います。

■ ちんぷんかんぷんな状態を乗り越えるための「泥臭い闘い」

春野くん　私はまだ親になったことがないのでわからなんですけれども、エルベテークの先生をやったりとか一般の塾のアルバイトとかやっていた身としては、やっぱり親と先生、似ているかなと思うんです。すべてできるようになってほしいとか、すごいすばらしい子になってほしいとか、いろいろな期待をこめてしまうというのは自分も痛いほどわかるんですけれども、現実として子どもって一度ですばらしい子とかすごい勉強ができるようになることはないと思っていて、本当に理想は高くあれど、泥臭い闘いがあると思います。泥臭い闘いというのが繰り返しの練習というところにつながるんじゃないかなと思っております。

　繰り返しの練習、大切だというんですけれども、ほんとに大変だと思います。先ほどの英語の37点の話ですけれども、6、7年いろいろ教えていただいたとしても、少しでも気を抜くと繰り返し練習しなくなってあまり良い結果が出せなくなってしまうので。常に頑張り続けるという意志だけは大切にしていただけるといいと思います。子どもも大変だと思うんですけれども、たぶん親のほうが大変かなと思います。子どものほうは反復練習するのは大変だと思うんですけれども、ただ親に言われたからやるみたいな感じのところもあるとは思うんですが、親の場合だと誰かが言ってくれるわけじゃないじゃないですか。自分で主体的になって自分が「子どもを導いてあげないと」という気持ちをもって接していただかないと反復練習とかできないと思うので。プレッシャーをかける話をしてしまって……。そういったところはあると思うので、ぜひ固い意志をもって子どもに接していただけるといいのかなと思います。

　長々となってしまったんですけれども、以上3点、ルールの明確化というところと親が先に変わるところと繰り返しの練習を実施していただければというところが、振り返ってみてみなさんに伝えられればなと思っていたところなので、ぜひよろしくお願いいたします。以上で私の話を終わらせていただきます。ありがとうございます（拍手）。

河野　体がしょっちゅう動いていたり癇癪を起こしたりぴょんぴょん跳びはねていたりとかじっとしておれなかったという時を振り返って、あなたは「自分でもどうしようもなかった」と言っていましたよね。そのへんを少し話してもらえますか？　世の中では「好きでやっている」みたいな形でおっしゃるケースがひじょうに多いですが……。

春野くん　「何をしていいのかわからない」とか「何をしちゃいけないのか」がわからない状態で、「〜して」と言われても「どうすればいいんですか？」みたいな形で自分の中でもちんぷんかんぷんなところがあってそこらへんがわからないとイライラするじゃないですか。みなさんもたぶんそういったご経験はあると思うんですけれども、わからないことですごいイライラして、その結果、癇癪を起こしたりしたのかなと思っていて、さっきの冒頭で話もありましたけれども、僕が怒った時の「キッ」という吃音みたいなところも、そういう伝えたいんだけれども何を伝えればいいのかがわからないというところで良くない伝え方になっていたと思ってはおります。

河野　何が良いのか悪いのかわからない。どうやればいいのかわからない。これがどんな状態なのかもわからない。そんなふうに聞いています。そして、「どうにか教えてほしい」とか「言葉で理解できるようになりたい。話せるようになりたい」という思いを子どもたちみんなが思っているということです。教室の子どもたちで、言葉できちんと説明ができるようになった子どもたちが一人残らず、過去を振り返ってそう話してくれます。

■「それはしません」が導く子育て

河野　ところで、以前、学習と運動は深い関係があると言っていましたが、自身の体験を通してそのことについて話してもらえますか？　学習と運動は別のものという誤解が世の中では根強いですので……。

春野くん　自分の話になって恥ずかしいんですが、私、一人で走るとか、一人で水泳するとか、そういう一人で黙々やる体育はできるんですけれども、たとえばバスケットボールとかサッカーとか、みんなでワイワイやるような、ルール性のあるスポーツがまったくできない人間なんです。そういった経験って同じような障害をもたれている方はよくあるという話をお聞きしたんですね。「どうされていました

154

か?」と質問をされたことがあって、その時に私が答えた話ではあるんですけれども、体育をひとつの授業として見るんではなくて、普通の生活の一環として取り入れて私はやってきました。

どういったことかと言うと、体育、たとえばバスケットボールとかサッカーとかで私がしていたことは、まず先生に相談する、「ぼく、これが苦手で、よくルールもわかっていないんですけれども、どうすればいいですか?」とまずは相談して、先生に言われた指示のことを守りきる。それだけは絶対守ろうみたいなことをして体育の授業は取り組んでいて、それで結果的には体育の先生にもひじょうに高い評価をいただいて無事乗り切ることができたんですけれども、学習と生活が密接に関わりあうということだと思うんですね。

体育は授業、もちろん学習ではあるんですけれども、その中で受け答えの力であったりとか、もっと大人な言い方をすれば、「ほうれんそう(報連相)」になりますよね。そういったものが培われる場ではあると思うんです。

河野 ありがとうございます。最後に春野さんからまとめをしていただけますか?

春野 いまお話した中でほとんどお伝えしてしまっていると思うんですけれども、とにかくぶれない。端的にコマンド的な指示を子どもに与える、その2つ。この2つさえちゃんと守れれば、別に漢検ができなくてもいいわけですよ。自分達にぶれがあったりすると、それこそ何をしていいのかわからない子どもたちがぶれてしまうと思うんですよね。視線を合わせる、人の話をしっかり聞く、これ本当に基本の基本なんですよ。誰にでも共通する大事なこと。それがいますごくなあなあになってきているというか、このいま申し上げた4つさえ敢行すれば、子どもは健やかに育つんではないかなと息子を見ていて私は実感します。

反抗する時ですら、やはり「それはしません」と言うことによって、親に言われた言葉をすとんと受け入れられる子に育つかどうか。細かいことを言ってこっちも逆上しながら怒って反発し合ってという間柄じゃなくなるわけですね。だから、何か言われたことを受け入れることによってすごく楽に、自分が前に進めるという経験を授業の中、宿題をこなす中、できました。すべてにおいてストレートに受け入れられる子に育っていって、朗らかになりますよね、やはり。

別に怒らないわけじゃないですよ。息子も怒ります。私も怒ります。でも、言葉どおりに受け入れられる子に育つということが、寛容で明るく許容範囲が広いとか

おおらかな子に育てるかという要になってくると思うんですよ。

　だから、エルベテークだけでなく他にもこういう教育をしていることがあるとしても、何が他に秀でているかというと、やはり家族揃っての対応、そして揺るがない姿勢、困った時のご相談に親身になって応えてくださる。「それがダメならこれもやりましょう」という次案を出してくださる。自分たちも先生の目を見て先生に言っていただいたことを素直に受け入れてやっていける力があるかどうか、親にその力があるかどうかということも大きく変わってくると思うんですよ。「えっ、こんなこと言っている。それ無理だ」という状態のことってあると思うんですけれど、なんでもいいから「一回信頼してやってみようかな」と思えるかどうか。それで大きく変わってくるんじゃないかなと思うので、ぜひみなさまも一歩踏み出していただきたいなと思います。

河野　ありがとうございました。

（第 17 回 /2019 年 10 月 19 日）

春野くんの寄稿

• •

　改めてこれまでの自分の人生を振り返ると、恵まれたものであるというのを実感する。さまざまな人に愛され、いろいろなものを授けられてきた。幼少期に自閉症と診断されていたと打ち明けても信じてもらえないことが多いくらいだ。自他ともにその事実があったことを忘れる日々を過ごしている。

　だが、確かに昔そうだったのである。自分の思いを口にすることができず、嫌なことがあると暴れる、落ち着きがなく一時も座っていられないという時期があったのだ。そう考えたうえで、自分の人生をたとえるならば川と言えるかもしれない。年中氾濫しているのを何度も何度も治水することで、ようやく人が住めるようになった川。それが私のこれまでの人生と言えるかもしれない。

　はじめに、さまざまな人に愛されたと書いたが、その愛はけっして優しいだけのものではなかったと思う。母や父、またエルベテークの先生方に厳しくしつけられてきた。これを愛と言うかどうかは人それぞれだが、私は愛だと言いたい。もちろん子どもの時からそれを感じていたわけではなく、いま振り返ってから感じることである。子どもの頃はそれが嫌で嫌で仕方なかった。なぜここまで自分は厳しく叱られなければならないのかと何度も怒った記憶がある。叱られることはつらいことだと常々感じていた。

　しかし、いまエルベテークの先生として働くとわかるが、生徒を叱るのだってつらいのである。生徒が不満そうな顔をしていると、なんだか可哀想な気持ちになる。それでも叱り、導く。それのなんと難しいことか。先生として働くことでようやくわかったことである。これは愛をもたなければやることのできないことだと思う。

　近年、こういった愛の形は古風で、家長的で、強制的だからよくないと言われることが多い。だが、強制的だからということだけで、すべて否定するのも間違っていると思う。人を育てるのに、ただ可愛がるだけでは足りない。それは放任である。氾濫する川をそのままにするということである。それでは人は寄りつかない。他者と共存するためにも、子どもはある程度叱られ、矯正されなければならない。その時に必要になるのは可愛がることではなく、子を思い、思うからこそ正そうとする、そういった愛ではないだろうか。

　ハンディのある子をもつ方々はいまこの瞬間にも、大きな不安を抱えながら日々生活していらっしゃるだろうが、くじけずにしっかりと子どもと向き合ってほしい。その想いは子どもに絶対伝わるはずである。自閉症の子どもだった私だからこそ、強くそう感じる。

『発達障害の「教える難しさ」を乗り越える』
（日本評論社 2017 年）より引用

【補足情報】

エルベテークでの懇談会から（エルベテーク季刊誌 2017 年春季号（108 号））

＊１ 聾学校は基本「やることはやる」というのがベースなのです。厳しい世界でもありました。でも「しょうがないよ。障害があるのだし」みたいな気持ちがあって、「待ちましょう」「まあいいですよ」という言葉が「お取り込み中」という受け入れとなり、「いいよ、お取り込み中ね」。こればかりになりました。私の弱さから生まれた逃げだったと思います。

＊２ エルベテークの初授業。「社会性に欠けているのがよくわかった。見通しがつきやすい課題を与えていただいてよかったと思う」と日記に記してありました。

＊３ 課題に対してもできないと思っていた自分がいました。やらせたいという気持ちと裏腹に「この子には……、できないね」という自分がいたということ。それがよく顔を出すのですよ、ひょっこりひょっこりと。それが一番いけないこと。迷いがあるのもいけないことと確信しています。

＊４ とにかく学習は最優先。エルベテークはもちろんですけど、学校の宿題、音読、漢字検定を終えたら息子の時間、お夕食も食べられるよというぐらいな感じ。お誕生日会、合宿などの行事も、ここは延ばせないだろうという時は前倒しでやります。後には回さない。旅行中は宿題を日数分をもっていく。旅行の先で学習が終わったら楽しみますという方法でした。そういうことをしていると、「ぐずっているよりも早々に終わらせたほうがいいね」と自分でも気がつくわけです。そのうち「わかるって楽しいな」というふうに移行していきます。

解説■実例は最良の参考書

知覧俊郎　特定非営利活動法人 Education in Ourselves 教育を軸に子どもの成長を考えるフォーラム代表理事 / 医療ライター

「特別扱いしない」接し方が「発達の遅れ」を変える

　この本で紹介する成長記録は、私たち特定非営利活動法人の「発達障害」セミナー［実例から知る、「発達の遅れ」が気になる子どもの教え方］で報告された実例の一部です。

　これら時系列に基づいた 7 つの実例に共通している接し方——。それは、「発達障害 / 発達の遅れ」を抱えていても、周りの大人がけっして「特別な子ども」扱いしないこと。この事実に多くの人が気づくのではないかと思います。

　つまり、「この子たちは一般の子どもと違うから、特別の配慮が必要であり、無理をさせてはいけない。周りがハンディをわかってあげることが大事だ」ではなく、むしろ「できないことやわからないことがたくさんあるけれど、また成果が出るまでに時間はかかるけれど、一般の子どもと同じように教えればわかるし、できるし、その子なりに大きく変わっていく」という認識を中心に据えた支援です。成長の基盤は学習を通してでなければ築けない……、そんな確固とした信念に基づいているように思われます。

　特殊な方法を用いることなく、親も子どもも改まった態度の中であくまで学習と言葉の練習を通して手応えを感じながら行われる家族支援。この指導法（エルベメソッド）が多くの幼児教育の中で抜きん出ていると私たちが感じる理由です。次のようなキーワードに凝縮されるその接し方・教え方は、自信をもって堂々と歩く子どもたちの肩を後ろからしっかり支えていると感じます。

　　発音・発語の促し

　　わかりやすい指示の出し方

　　「しっかり見る」「しっかり聞く」の基本

　注視 / 追視 / 追唱の練習

　手本を守りながらの読み書き

　繰り返しの練習

　挨拶 / 返事 / 報告

　生活・学習習慣の定着

　「教わる姿勢」「応じる姿勢」

問題解決のための対策と見通しが「あるのか」、「ないのか」

　ところで、「特別な子ども」という認識は、幼い子どものために何かをしてあげたいという善意に基づくものであるのは確かでしょう。しかし、いつの間にか目的・意味が曖昧になっていると感じます。枝葉的な方向や間違った方向へ向かいやすい落とし穴に入り込んでいるのではないか、と。

　「居場所づくり」を重視する現在の療育指導がその代表的な例ではないでしょうか。そこでは、子どもたちの気持ち（楽しさ）や情緒、感覚や運動がなによりも優先されがちです。その反面、のちのち子どもたちに必要となる力や習慣を身につけさせよう、彼らの地道な努力をサポートしようという、「しっかり教える支援」が後回しになり、しかるべきタイミングを逸していると感じます。

　言い換えれば、遊びやゲームを通して子どもの状態・力に付き合う取り組みが中心で、学習を通して子どもの状態・力を少しでも引き上げようという取り組みには意欲や関心が低いのではないかと感じるのです。それは、効果的な教え方、指導方法が理解されず、社会的に共有されていない現状の反映ではないではないでしょうか。彼らが小学校入学後、「授業についていけない」「学習がわからない」という壁にぶつかることは誰の目にも明白です。それなのに、問題解決のための事前の見通しと適切な対策がほとんど見出せない状況は不幸以外の何物でもありません。

　「特別な子ども」の前提としてどうやら諦めが色濃く存在しているように思われます。これでは、いつまで経っても期待する成果・効果を得られないと思います。実際、成果・効果が上がった前向きな実例が療育の現場から説得力をもって提示されることはほとんどなかったと言えます。

学習を軸にした支援へ

　これからの療育、そして学齢期の子どもたちの特別支援教育を考える時、やはり、視点のギアチェンジが必要だと痛感します。保育や福祉に偏った支援から教育・学習を軸にした支援へ。医療と教育の相乗効果を生み出す療育本来の姿に立ち戻った議論とチャレンジが求められているのではないでしょうか。

　その参考になるのが、いうまでもなく学習を通して子どもが成長する良い手本・模範です。当然、短期間の出来事ではなく、10年20年という長期にわたる具体的な出来事のほうが正確な事実をより多く語ります。また、個別情報に惑わされやすいひとつの実例ではなく、複数の実例が集積すればするほど、本質的な事柄を浮かび上がらせてくれます。

　不適切な言動への対処法から始まって、医療・療育機関との関わり方、学校生活でのトラブル（友人関係、いじめ、不登校の兆候など）対応、学校との信頼関係づくり、家族の役割分担と協力、そして有意義な子育てと家庭学習の進め方、社会人へ向けての準備など。そこには、幼児期からどのように接し教えていけばいいのか、効果ある指導法は何なのかという、子育てや指導のヒントがたくさん詰まっています。私たちの特定非営利活動法人が長期的で具体的な実例を重要視する理由です。

　たとえ療育関係者や福祉関係者であっても、これらの実り多い実例に接するなら、「しっかり教える支援」に腰が引けることはないのではないかと思います。その情熱と工夫の一部をきっと教育や学習に振り分けてくれることでしょう。実例は最良の参考書なのです。

　最近、私たちの「発達障害」セミナーに初めて参加し、長期的・具体的な実例を聴いた、20代の重度障害者をもつある保護者は次のようなコメントを残しています。

　「（このセミナーは）知的障害児・発達障害児教育の根幹を変える位の内容になり得ると感じます。知的障害者に大切なのはいくつになっても教育で伸びると信じることであると思います」

家庭、教育/学校、医療/福祉、三者一体となった取り組みを

　教育の本質について私たちは、生活・学習習慣という「努力する習慣」を、時

間をかけて子どもに身につけさせること、そして、穏やかな性格も含め精神的な成長を引き出すことだと確信します。そして、自立へ向けた習慣・力・内的成長はやがて家族全体に大きな利益をもたらす、とも考えます。

　この成長記録集を通じ、一人でも多くのみなさんと「教えればできる。子どもは変わる」事実を共有し、「発達障害／発達の遅れ」を抱える子どもの教育のレベルアップに少しでも貢献したい、それが私たちの願いです。

　もちろん、世の中にはいろいろな指導法があります。その多様性を前提に、全国各地の志ある特定非営利活動法人が中心となり、診療実績をもつ公的な小児専門病院、支援や指導の実績をもつ障害児福祉サービス事業者、そして教育機関が一体となった「発達障害」の家族支援・学習支援のためのリアルな実例を集積するプロジェクトにとりかかるよう期待しています。

　論文の引用や関係者の伝聞といった二次情報ではなく、生きた事実と実例をベースに接し方・教え方を議論する環境が整い、根付くことを希望します。

　そのプロジェクトには、他でもない、保護者と教育関係者と医療・福祉関係者の三者がスクラムを組んで問題に立ち向かう意義があります。たとえば、厚生労働省と文部科学省が構想しながらもなかなか前へ進まない「トライアングル・プロジェクト」（2018 年 5 月 24 日文部科学省初等中等教育局／厚生労働省社会・援護局障害保健福祉部の通知「教育と福祉の一層の連携等の推進について」）のような同様の試みに対し、単なる情報交流以上の生命を吹き込むものになるのではないかと考えます。

　セミナー第 16 回の講師を務めた保護者の坂本さん（息子さんが 4 歳で「自閉傾向の強い広汎性発達障害」と診断された母親／産婦人科医）の次のような切実な願いに応えられる活動が求められているのではないでしょうか。

　「（支援センターのような）箱をつくるだけでなく、そこで学んだ子どもたちがどう成長していったのか、評価される時代になってきたようにも思います。その子たちがきっと新しい道をつくったり、選択肢を増やしてくれたりすることを願っています」（70 ページ）

私たちの「発達障害」セミナーについて

　私たちの「発達障害」セミナーは、「発達の遅れを抱える子どももそうでない子

どもも、身につけさせたい力は同じである。そして、その接し方・教え方、指導の仕方も、原則は同じである」（エルベメソッド）という考え方に共鳴し、法人設立直後の 2017 年 3 月（第 1 回）から開催しているセミナーです。2020 年 12 月に第 21 回を迎えました。

「発達障害」に関して大量の情報が発信されているにもかかわらず、時系列に即した長期の具体的な情報があまりに少ないのではないか、その問題意識・危機意識とともに開催しています。

現在、「発達障害 / 発達の遅れ」をもつ子どもの保護者だけでなく、各分野のキーマンへ向け事実と実例に基づいた信頼性の高い情報を提供し、共有する場にもなっています。

「発達障害」セミナーの概要

【対象】　　保護者、教育・保育関係者、医療・福祉関係者、市民

【目的】　　社会的に注目される「発達障害 / 発達の遅れ」ですが、情報提供は断片的な状態（期間・実例数など）にとどまっているようです。そのため、診断後、どんな発達上の課題があり、どう対応していけばいいか、そのアドバイスがなかなか受けられずに困惑している保護者が依然として多いのが現実です。このセミナーでは、そうした状況を改めるべく、保護者と指導者による対談形式で長期的・具体的な実例（成長記録）を報告します。

【特徴】　　(1) 保護者による体験発表＋指導者による解説という対談形式
　　　　　　(2) 質疑応答

【講師（保護者）】
　　　　　　医師、看護師、小学校教員、弁護士、保育士、公務員、NPO 法人代表（生活介護事業所運営）、会社員、主婦

【企画協力】　エルベテーク（代表・河野俊一氏）

【実施地域】　川口市、さいたま市、大阪市（天満橋）、東京都（池袋）

【実施期間】　2017 年 3 月〜現在（2020 年 12 月）

【事業の成果】　実施回数 21 回　　　参加者数 のべ約 1,200 名

【助成事業の実績】
　　　　　　NPO 活動促進助成事業（埼玉県共助社会づくり課）、赤い羽根共同募金助成事業（埼玉県共同募金会）、地域助け合い基金（さわやか福祉財団）

【後援名義の実績】
　　　　　　　　文部科学省、厚生労働省、埼玉県、東京都、大阪府、さいたま市、川口市、大阪市、埼玉県教育委員会、さいたま市教育委員会、川口市教育委員会、豊島区教育委員会、大阪市教育委員会、埼玉県社会福祉協議会、川口市社会福祉協議会、東京都看護協会

【その他ー1】各教育委員会の許可のもと、区域内（市立／区立）の幼稚園・小中学校・高校へ告知のチラシを配布（さいたま市、川口市、川越市など埼玉県内、豊島区、北区、台東区など11区をはじめとした東京都内、横浜市、川崎市、千葉市、船橋市など）

【その他ー2】『朝日新聞』（2018年12月6日朝刊埼玉版、2019年6月18日朝刊大阪版）、『東京新聞』（2020年1月9日朝刊埼玉版）にセミナー紹介記事掲載

第16回（2019年6月22日／大阪市）

第14回（2018年12月22日／川口市）　第18回（2020年2月22日／川口市）

■これまでの歩み（2017年3月〜2020年12月）

回	保護者	子どもの学年　　　学習期間 診断名/症状など
1	母親/看護師	小3（男児）　　　4歳2ヶ月〜現在 「自閉症」（1歳11か月）/言葉の遅れ、大声・奇声、大泣きなど
2	母親/主婦	小4（男児）　　年長の7月〜現在 「知的遅れを伴う自閉症」（年中）/言葉がまったくない
3	母親/教師	小6（男児）　　　3歳〜現在 「自閉症」（3歳）/言葉の遅れ、多動、執着行動など
4	2と同じ	
5	父親/医師	中2（男児）　　　年中の11月〜現在 「広汎性発達障害」（4歳）/言葉の遅れ、おうむ返し、独り言、奇声など
6	少人数による懇談会	
7	母親/医師	5と同じ
8	父親/弁護士	5歳/年中（女児）　　2歳〜現在 「言葉の遅れ」と診断/言葉の遅れ、目を合わさない
9	母親/保育士	高2（男児）　　小1〜現在 「高機能自閉症」（年中）、「広汎性発達障害」「多動性障害」（就学前）/奇声、暴言、多動など
10	9と同じ	
11	母親/主婦 （ロサンゼルス在住）	ハイスクール8年生（女児）　　5歳〜現在 「高機能自閉症」（3歳）/言葉の遅れ、自閉傾向など
12	母親/会社員 （元看護師）	高1（男児）　　3歳〜現在 「自閉症・発達遅滞」（年少）/言葉の遅れ、こだわり、多動など
13	母親/会社員	20歳社会人（公務員/男性）　　　3歳〜中3 「軽度〜中等度の知的遅れを伴う自閉症」「広汎性発達障害」（3歳）/言葉の遅れ、呼んでも振り返らない、独り言、離席など
14	13と同じ	
15	母親/会社員	中学2年生（男児）　　3歳〜現在 「自閉症」「広汎性発達障害」（3歳）/言葉がまったく出ない、多動
16	7と同じ	
17	母親/主婦	23歳社会人（一般企業勤務/男性）　　　年中〜小6 「両耳感音性難聴」（2歳半）、「自閉症・ADHD」（5歳）/言葉の遅れ、多動、こだわり、かんしゃく、奇声、偏食など
18	15と同じ	

回	保護者	子どもの学年　　　　　学習期間 診断名 / 症状など
19	父親 公務員	18 歳社会人（特例子会社 / 男性）　年中〜高 3 「広汎性発達障害」（2 歳 8 か月）/ 言葉の遅れ、こだわりなど
20	母親 NPO 法人代表理事	25 歳（男性）　　3 歳〜小 6 「知的遅れを伴う発達障害」（3 歳）/ 視線が合わない、言葉の遅れ、大泣き、多動、自傷・他害行為
21	母親 会社員	高 1（男児）　　2 歳 2 か月〜現在 「自閉症」（2 歳）/ 言葉の遅れ、こだわり、多動など

＊子どもの学年 / 年齢などはセミナー開催当時のデータです
＊太字の数字（回）で示した実例をこの本で紹介しました

■制作スタッフ

企　　画　　知覧 俊郎

編　　集　　向川 裕美、矢吹 純子

デザイン　　堀 博

編集協力　　講師を務めていただいた保護者の方々
　　　　　　河野 俊一（エルベテーク代表）

セミナー司会　向川 裕美

セミナー・ボランティア

　　　　　　知覧 俊郎、矢吹 純子、堀 博、芳賀 恭子
　　　　　　蟇目 真百合、柳元 司

親が語る、「発達の遅れ」が気になる子どもの教え方❶

2021 年 4 月 30 日　第 1 版第 1 刷発行

発行　特定非営利活動法人 教育を軸に子どもの成長を考えるフォーラム
　　　Japanese Association for Education-centered Childhood Development

　　　〒 336-0026　埼玉県さいたま市南区辻 5 - 6 - 12 - 408
　　　電話 / ファックス 048-837-6926
　　　e メール info@education-in-ourselves.org
　　　https://www.education-in-ourselves.org

ISBN978-4-9911859-0-8　C0037